essentials

essentials liefern aktuelles Wissen in konzentrierter Form. Die Essenz dessen, worauf es als „State-of-the-Art" in der gegenwärtigen Fachdiskussion oder in der Praxis ankommt. *essentials* informieren schnell, unkompliziert und verständlich

- als Einführung in ein aktuelles Thema aus Ihrem Fachgebiet
- als Einstieg in ein für Sie noch unbekanntes Themenfeld
- als Einblick, um zum Thema mitreden zu können

Die Bücher in elektronischer und gedruckter Form bringen das Expertenwissen von Springer-Fachautoren kompakt zur Darstellung. Sie sind besonders für die Nutzung als eBook auf Tablet-PCs, eBook-Readern und Smartphones geeignet. *essentials:* Wissensbausteine aus den Wirtschafts-, Sozial- und Geisteswissenschaften, aus Technik und Naturwissenschaften sowie aus Medizin, Psychologie und Gesundheitsberufen. Von renommierten Autoren aller Springer-Verlagsmarken.

Weitere Bände in der Reihe http://www.springer.com/series/13088

Martin Sturmer

Profilierung

Mit intelligentem Marketing zum gefragten Experten

Martin Sturmer
Salzburg, Österreich

ISSN 2197-6708   ISSN 2197-6716   (electronic)
essentials
ISBN 978-3-658-20760-1   ISBN 978-3-658-20761-8   (eBook)
https://doi.org/10.1007/978-3-658-20761-8

Die Deutsche Nationalbibliothek verzeichnet diese Publikation in der Deutschen Nationalbibliografie; detaillierte bibliografische Daten sind im Internet über http://dnb.d-nb.de abrufbar.

Springer Gabler
© Springer Fachmedien Wiesbaden GmbH, ein Teil von Springer Nature 2018

Gedruckt auf säurefreiem und chlorfrei gebleichtem Papier

Springer Gabler ist ein Imprint der eingetragenen Gesellschaft Springer Fachmedien Wiesbaden GmbH und ist Teil von Springer Nature
Die Anschrift der Gesellschaft ist: Abraham-Lincoln-Str. 46, 65189 Wiesbaden, Germany

Was Sie in diesem *essential* finden können

- Das Profilierungsmodell: Ein Wegweiser zu Ihrem Erfolg
- Positionierung: Drei Ansätze für ein messerscharfes Profil
- Zielgruppen: Wissen, wie Ihre Kunden ticken
- Inszenierung: So bringen Sie Ihre Marke in Wort und Bild auf den Punkt
- Die Maßnahmenmatrix: Der optimale Marketing-Mix für Ihre Customer Journey

Inhaltsverzeichnis

Dr. Martin Sturmer ist Gründer der Nachrichtenagentur afrika.info und selbstständiger Profilierungsberater. Er hat mehrere Bücher zu Medien- und Kommunikationsthemen veröffentlicht und lehrt an der Universität Salzburg und an der Fachhochschule Salzburg.

Franz-Josef-Straße 19
5020 Salzburg
Tel. +43 699 1135 33 99
martin@sturmer.at
https://sturmer.at

Einleitung

1

Es war einer der spannendsten Aufträge meiner bisherigen Berufslaufbahn. An einem späten Freitagnachmittag erreichte mich die Anfrage eines Konzerns, der zu den 100 umsatzstärksten Unternehmen der Welt zählt. Ein freundlicher Mitarbeiter erklärte mir, dass er mich im Internet gefunden hätte und jetzt genau meine Afrika-Expertise benötigen würde. Wir waren uns schnell einig. Es entstand eine langfristige und erfolgreiche Zusammenarbeit, die obendrein genau meiner Leidenschaft entsprach.

Natürlich passieren solche Glücksfälle nicht jeden Tag. Aber das Beispiel aus meiner eigenen Tätigkeit als Informationsspezialist für Afrika zeigt, dass man es mit einer starken Profilierung schaffen kann, im Konzert deutlich größerer Mitbewerber mitzuspielen. Aber nicht nur das: Profilierte Experten werden von Medien um ihre Meinung gebeten und als Vortragende zu Kongressen und Tagungen eingeladen. Während Generalisten in erster Linie regional arbeiten, sind Spezialisten häufig international gefragt. Letztendlich erlaubt ein starkes Profil auch einen höheren Spielraum in der Preisgestaltung.

Wie eine Expertenprofilierung gelingt, werde ich auf den nachfolgenden Seiten erklären. Zum besseren Verständnis möchte ich Ihnen aber davor ein wenig über mich erzählen: Ich habe Afrikanistik und Kommunikationswissenschaft in Wien und Dar es Salaam studiert. Mein Hauptfach Afrikanistik galt als brotloses Studium, Berufschancen sah ich daher vor allem im Kommunikationsbereich. Nach der Promotion gründete ich mit einem Studienkollegen und guten Freund ein Unternehmen für Content-Produktion, das sich bald in die Top 10 der österreichischen Internet-Agenturen einreihte. In den zwölf Jahren meiner Tätigkeit in einer Firma mit 50 Mitarbeitern konnte ich mein Know-how in PR, Content-Strategie und Online-Marketing stark ausbauen. Meine Begeisterung für Afrika hat mich aber in all den Jahren nicht losgelassen. Nach dem Verkauf unseres Unternehmens

© Springer Fachmedien Wiesbaden GmbH, ein Teil von Springer Nature 2018
M. Sturmer, *Profilierung*, essentials,
https://doi.org/10.1007/978-3-658-20761-8_1

fühlte ich mich gut genug gerüstet, meine Profilierung als Informationsspezialist für den Kontinent voranzutreiben. Darauf verwendete ich viel Energie und eine ordentliche Portion Herzblut. Letztendlich hat sich das aber ausgezahlt: Wer heute bei Google nach Afrika-Themen sucht, kommt kaum an meiner Website afrika. info vorbei.

Wie Sie wissen, hat das Internet den Markt auf den Kopf gestellt. Früher benötigte man eine Menge persönlicher Medienkontakte, um sein Expertenprofil wirkungsvoll an die Öffentlichkeit zu kommunizieren. Heute ist eine gute Sichtbarkeit in Suchmaschinen entscheidend: Eine Untersuchung bei deutschen Unternehmen zeigt, dass sich 76 % der befragten Entscheider mittels Online-Recherche über neue Anbieter informieren (Koch und Beck 2017, S. 241 f.).

Dieses Buch richtet sich an Berater, Trainer, Coaches und andere Personen, die sich als Experte profilieren wollen. Was aber zeichnet einen Experten aus? Die einfache Antwort: Sein Wissen. Das „Gabler Wirtschaftslexikon" beschreibt den Begriff „Expertenwissen" bzw. das Synonym „Expertise" wie folgt:

> Kenntnisse und intellektuelle Fähigkeiten einzelner Personen, deren Leistung auf einem bestimmten Fachgebiet weit über dem Durchschnitt liegen. Expertenwissen besteht i.d.R. aus sehr großen Informationsmengen in Verbindung mit Vereinfachungen, wenig bekannten Fakten, Faustregeln und klugen Verfahrensweisen (Heuristiken), die eine effiziente Problemlösung (in diesem Gebiet) ermöglichen (Gabler Wirtschaftslexikon 2017).

Nicht zwingend müssen Experten im Dienstleistungsbereich tätig sein: Sie werden in diesem Buch etwa einen Experten für Leberkäse und einen Experten für Schokolade kennenlernen, deren persönlicher Einsatz eine überragende Rolle für den Erfolg ihres Unternehmens spielt. Das diesem Buch zugrunde liegende Verständnis von Profilierung schließt sich der Begriffsdefinition von Thomas Rudolph, Marketing-Professor an der Universität St. Gallen, an:

> Mit Profilierung ist der Aufbau von identitätsstiftenden Wettbewerbsvorteilen anhand konkreter Maßnahmen angesprochen, welche der Zielkunde mit einer Kaufhandlung belohnt (Rudolph 1997, S. 19).

Die beiden Definitionen enthalten alles, worum es auf den nachfolgenden Seiten gehen soll. Ich möchte mit meinem eigenen Profilierungsmodell zeigen, wie Personen mit überdurchschnittlichem Fachwissen erfolgreich in der Selbstständigkeit bestehen können. Für mich ist Profilierung schlicht der Königsweg für die Selbstvermarktung. Wer diesen Weg beschreiten will, sollte einen brauchbaren Plan in der Tasche haben. In Abb. 1.1 sehen Sie einen Wegweiser durch

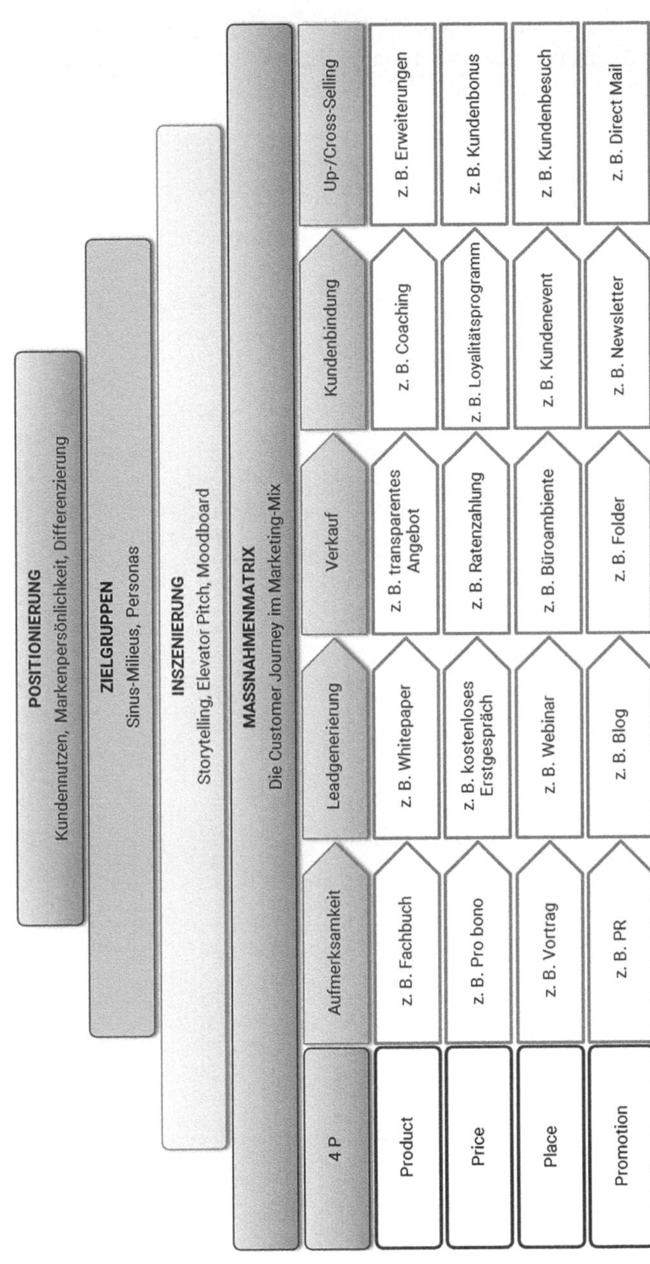

Abb. 1.1 Das Profilierungsmodell. (© Dr. Martin Sturmer, CC BY-ND 3.0)

mein Profilierungsmodell mit den Stufen Positionierung, Zielgruppen, Inszenierung und der Maßnahmenmatrix. Damit behalten Sie alle Methoden und Instrumente stets im Blick. Bleiben Sie also auf Kurs: Dann wird Ihre Profilierung zum Experten gelingen.

Die Positionierung 2

Kennen Sie den Kabarettisten Günther Paal alias Gunkl? In der satirischen Late-Night-Show „Dorfers Donnerstalk" (2004–2010) gab er als Dr. Paal den „Experten für eh alles", der in wilden Satzgebilden das Weltgeschehen kommentierte.

„Experten für eh alles" sind in der Wirtschaft gar nicht so selten. Sie schlüpfen in die Rolle des „Wunderwuzzis", wie wir die Alleskönner in Österreich nennen. Im Aufbau von Personenmarken halte ich diese Strategie für einen schwerwiegenden Fehler: Die meisten Menschen haben eine sehr solide Einschätzung ihrer Kernkompetenz. Häufig entscheiden sie sich aber für einen Bauchladen, weil sie befürchten, nicht genügend Kunden für die eigene Spezialisierung gewinnen zu können.

Letztendlich beschneiden sie dadurch ihre eigene Entwicklung: Denn mit einer glasklaren Positionierung kann es gelingen, das geografische Akquisitionsgebiet entscheidend zu erweitern und eine größere Anzahl von Interessenten und Kunden zu erreichen. Überspitzt formuliert: Echte Experten haben das Zeug für die Champions League, Generalisten verbleiben in der Regionalliga.

Lassen Sie mich den Gedanken an meinem eigenen Beispiel ausführen. Meinen Hauptumsatz mache ich mit der Beratung von Firmen, die wirtschaftlich in Afrika aktiv werden wollen. Der Großteil der Interessenten kommt aus Deutschland, obwohl es dort 15.400 Beratungsgesellschaften mit 110.000 Beratern gibt (Bundesverband der Deutschen Unternehmensberater e. V. 2016, S. 5). Als klassischer Unternehmensberater zu gängigen Management-Fragen wie Strategie, Führung oder Organisation hätte ich niemals eine Chance, mit Weltmarktführern zusammenzuarbeiten. Mein Geschäft würde viel eher im lokalen Markt und in der Beratung von Klein- und Mittelbetrieben liegen.

Mit der richtigen Positionierung steht und fällt also der Erfolg des gesamten Profilierungsprozesses. Das entscheidende Kriterium für die Positionierung ist die

© Springer Fachmedien Wiesbaden GmbH, ein Teil von Springer Nature 2018   5
M. Sturmer, *Profilierung*, essentials,
https://doi.org/10.1007/978-3-658-20761-8_2

Einzigartigkeit Ihres Angebots (Fasnacht et al. 1995, S. 133). Wie Sie diese Einzigartigkeit erreichen können, möchte ich anhand von drei Ansätzen erläutern, die sich im Praxiseinsatz bestens bewährt haben.

2.1 Das Kundenproblem

Die meisten Gründer tun sich schwer, ihr Geschäftsfeld auf Anhieb zu verstehen. Dieses Verständnis ist aber die Grundvoraussetzung für unternehmerisches Wachstum. „What business are you really in?" lautet die essenzielle Fragestellung von Theodore Levitt (1925–2006) in seinem Beitrag „Marketing Myopia" aus dem Jahr 1960. Der aus Osthessen stammende Wirtschaftswissenschaftler war damals Dozent an der „Harvard Business School". Levitt stellte fest, dass Manager ihr Geschäftsfeld häufig falsch einschätzen, und begründete seine Erkenntnis am Beispiel der Krise der amerikanischen Eisenbahnen in den 1950-er Jahren. Obwohl das Passagier- und Frachtaufkommen wuchs, hatten andere Verkehrsmittel der Schiene den Rang abgelaufen. Für Levitt war das ein klassischer Fall von Kurzsichtigkeit, auf Englisch „myopia": Hätten die Verantwortlichen verstanden, dass ihr Geschäftsfeld nicht im Betrieb von Eisenbahnen sondern im Transport von Personen und Gütern lag, wäre weiteres Wachstum möglich gewesen. Er forderte daher: Weg von der Produktorientierung, hin zur Kundenorientierung (Levitt 2013, S. 29).

Für Ihre Positionierung ist also ein profundes Verständnis des Kundenproblems die Voraussetzung. Wie kommen Sie diesem auf die Spur? Für den Schweizer Managementexperten Aloys Gälweiler (1922–1984) liegt die Antwort in der Frage nach dem „lösungsinvarianten Anwenderproblem". Da es in der Regel am Markt mehrere Möglichkeiten für die Lösung eines Problems gibt, ist es von entscheidender Bedeutung, das Kundenproblem unabhängig von diesen Lösungen zu erkennen und zu formulieren (Gälweiler 2005, S. 46 f.).

Die präzise Formulierung des lösungsinvarianten Anwenderproblems erfordert einiges an Abstraktionsvermögen. Nehmen wir daher zur Verdeutlichung ein Beispiel für ein gängiges Produkt. Was ist das lösungsinvariante Anwenderproblem eines Bohrhammers? Oder anders gefragt: Wozu benötigen Sie einen Bohrhammer? Zum Bohren eines Lochs, werden Sie vermutlich antworten. Aber wozu bohren Sie das Loch? Na ja, um ein Bild aufzuhängen. Aha. Das lösungsinvariante Anwenderproblem ist daher nicht das Bohren. Sondern das Befestigen (Holzinger und Sturmer 2010, S. 98).

Wenn wir das Kundenproblem erkannt haben, wird uns bewusst, dass es dafür auch andere Lösungen gibt. So könnten Sie im konkreten Fall für die Befestigung eines Bildes auch einen Montagekleber verwenden. Sie erhalten eine profunde Einschätzung des Mitbewerbs und der möglichen Substitutionsrisiken – also Produkte und Dienstleistungen, die Ihr Angebot in Zukunft ersetzen könnten.

Die Klärung des Kundenproblems verhilft Ihnen auch zu einem besseren Verständnis darüber, welche Begriffe Menschen auf der Suche nach Unterstützung bei Google eingeben. Kehren wir noch einmal zum Beispiel der Eisenbahnen zurück: Wenn Sie möglichst rasch von Berlin nach Wien reisen wollen, werden Sie vermutlich nicht sofort auf die Website der Deutschen Bahn gehen. Stattdessen konsultieren Sie die Suchmaschine nach den für Sie günstigsten Verbindungen. Ob Fernbus, Flug oder doch die Bahn – mit Google kommen Sie rasch zu allen verfügbaren Lösungen für Ihr individuelles Problem.

Ich gebe gerne zu: Bei der Entwicklung meiner eigenen Positionierung als Afrika-Spezialist habe ich nicht wirklich verstanden, woher zahlungskräftige Kunden kommen könnten. Ich war nicht von Beginn an Unternehmensberater. Am Anfang ging ich von meinem persönlichen Anspruch aus, die besten Informationen über afrikanische Märkte bereitzustellen. Bei der Gründung meines Unternehmens afrika.info im Jahr 2007 löste ich den Gewerbeschein für Nachrichtenagenturen. Erst später habe ich begriffen, dass diese Informationen für meine Kunden nur Mittel zum Zweck sind. Ihnen geht es vorrangig darum, gute Geschäfte in Afrika zu machen. Durch diese einfache Erkenntnis hat sich mein Blick auf das Wettbewerbsumfeld deutlich geschärft. Als Konsequenz habe ich zusätzlich das Gewerbe des Unternehmensberaters angemeldet. Die Entscheidung war goldrichtig: Heute beträgt der Anteil an Wirtschaftsinformationen mehr als 90 % des Umsatzes von afrika.info.

Gleichzeitig habe ich aber auch erkannt: Das hohe Wirtschaftswachstum vieler afrikanischer Staaten wird neue Anbieter auf den Plan rufen und zu einem stärkeren Mitbewerb führen. Umfassende Datenbanken werden in einem gewissen Ausmaß ein Substitutionsrisiko darstellen. Um die eigene Position langfristig abzusichern, bedarf es daher weiterer Maßnahmen, welche die Einzigartigkeit des Angebots unterstreichen.

2.2 Die Markenpersönlichkeit

Egal, wie spitz Sie Ihr Angebot aufstellen: Spätestens wenn Sie Erfolg haben, werden Sie von anderen kopiert werden. Mitunter kann es sogar passieren, dass Sie von Ihren Nachahmern übertrumpft werden. Um sich dieser Bedrohung ein Stück weit zu entziehen, müssen Sie Ihrer Marke eine Bedeutung verleihen –

eine Bedeutung, die nur Sie glaubhaft besetzen können. Wir sprechen von der Schaffung einer Markenpersönlichkeit.

Eine spannende Möglichkeit dazu bietet die Auseinandersetzung mit den Archetypen. Diese gelten als die Urbilder unserer Vorstellungsmuster. Ihre Entdeckung geht auf die Arbeiten des Schweizer Psychiaters C. G. Jung (1875–1961) zurück, der in menschlichen Träumen und Fantasien „typische Mythologeme" beobachtet hat (Jung 2017, S. 166). Mythologeme werden nicht individuell erworben, sondern sind in einem kollektiven Unbewussten fest verankert. Dieses Phänomen ist rund um den Erdball zu beobachten: Archetypische Motive wie z. B. der Held, der Schöpfer oder der Magier treten in den unterschiedlichsten Kulturen auf.

In ihrem Buch „The Hero and the Outlaw" haben Margaret Mark und Carol S. Pearson das tiefenpsychologische Konzept von Jung für die Markenführung weiterentwickelt. Die beiden Autorinnen kombinieren zwölf Archetypen mit der Motivationstheorie, die der Frage nachgeht, auf welcher Basis Menschen Entscheidungen treffen. Die Motivationstheorie unterscheidet in vier menschliche Grundantriebe, die jeweils zwei gegensätzliche Paare bilden: Zugehörigkeit vs. Individualität und Sicherheit vs. Risiko (Mark und Pearson 2001, S. 14).

Der Entscheidungskompass ist simpel: Einerseits wollen wir alle einer sozialen Gruppe angehören, geliebt und geschätzt werden (Zugehörigkeit). Andererseits treffen wir egoistische Entscheidungen und streben danach, Zeit alleine zu verbringen (Unabhängigkeit). Einerseits haben wir das Bedürfnis nach Stabilität – wir bezahlen unsere Versicherungen und gehen zur Vorsorgeuntersuchung zum Arzt (Sicherheit). Andererseits wollen wir uns beweisen und starten eigene Unternehmen, bereisen gefährliche Gegenden und investieren in Aktien (Risiko). Unsere Psyche erfordert ein permanentes Verhandeln dieser Positionen. Wird ein Pol überbetont, gerät sie aus der Balance. Das ist auch der Grund, warum viele von uns mit einer Midlife Crises zu kämpfen haben (Mark und Pearson 2001, S. 15).

Die beiden Autorinnen ordnen jedem dieser Antriebe jeweils drei Archetypen zu (Tab. 2.1). Auf diese Weise wird eine aussagekräftige Klassifikation geschaffen, die Ihnen ermöglicht, die höhere Bedeutung von Archetypen zu verstehen.

Jeder der Archetypen verkörpert ganz spezielle Eigenschaften. Nachfolgend finden Sie einige Beispiele für Marken oder Branchen, die das Konzept – geplant oder unbewusst – verfolgen.

Tab. 2.1 Antriebe und Archetypen

Sicherheit	Zugehörigkeit	Risiko	Unabhängigkeit
Der Schöpfer	Der Hofnarr	Der Held	Der Unschuldige
Der Beschützer	Der Normalo	Der Gesetzlose	Der Entdecker
Der Herrscher	Der Liebhaber	Der Magier	Der Weise

- **Sie geben Sicherheit:** Der Schöpfer steht für Kreativität und liebt die Selbstdarstellung (z. B. Apple). Der Beschützer hat das Verlangen, anderen zu helfen (z. B. Versicherungen). Der Herrscher demonstriert die Macht der Marktführers (z. B. Microsoft).
- **Sie schaffen Zugehörigkeit:** Der Hofnarr bringt andere zum Lachen (z. B. Haribo). Der Normalo ist höchst durchschnittlich (z. B. Diskonter wie Aldi oder Lidl). Den Liebhaber zeichnen Eleganz und ein Hauch Erotik aus (z. B. Chanel, Alfa Romeo).
- **Sie nehmen volles Risiko:** Der Held liebt Herausforderungen und triumphiert über das Böse (z. B. Nike). Der Gesetzlose verfügt über die Attraktivität der verbotenen Frucht (z. B. Jack Daniels, Harley-Davidson). Der Magier macht Unmögliches möglich (z. B. „Red Bull verleiht Flügel").
- **Sie lieben die Unabhängigkeit:** Der Unschuldige träumt von einem perfekten Familienleben in idyllischer Umgebung (z. B. Biomarken). Der Entdecker sucht nach Neuland (z. B. Starbucks). Der Weise hilft, die Welt besser zu verstehen (z. B. Eliteuniversitäten wie Harvard).

Bei afrika.info war relativ rasch klar, dass meine Markenpersönlichkeit jene des Weisen verkörpern soll. John Purkiss und David Royston-Lee (2012, S. 114) assoziieren mit diesem Archetypus Begriffe wie Wissen, Wahrheit, Objektivität und Forschung. Damit verbunden sind das Aufspüren von Trends und die Fähigkeit zur Prognose. Diese Charakteristik trifft den Nagel auf den Kopf: Ich kenne keinen Mitbewerber, der auf ein Afrikanistik-Studium verweisen kann und über langjährige Erfahrungen in der Informationsbeschaffung verfügt wie ich. Sicherlich, mein Angebot kann jederzeit kopiert werden. Aber wird es ähnlich glaubhaft sein? Möglich, aber unwahrscheinlich.

Welcher Archetyp sind Sie? Beachten Sie bitte, dass Sie eine authentische Auswahl treffen und Sie sich in der gewählten Rolle wohlfühlen. Denn nichts ist für die Markenführung schlimmer als ein eklatanter Widerspruch zwischen Eigen- und Fremdwahrnehmung.

2.3   Differenzierung zum Mitbewerb

Nachdem Sie nun Ihr Geschäftsfeld und Ihre Markenpersönlichkeit definiert haben, müssen Sie an der Einzigartigkeit Ihres Angebots feilen. Die faszinierendste Methode dafür ist für mich die „Strategie des Blauen Ozeans" von W. Chan Kim und Renée Mauborgne. Der Grundgedanke des Modells ist, dass durch die Entwicklung neuer Märkte erfolgreiche Geschäftsmodelle ohne Konkurrenzdruck entstehen können. Unberührte Märkte und Branchen werden dabei als „Blaue Ozeane" bezeichnet, in denen sich keine oder nur wenige Mitbewerber tummeln. Im Gegensatz dazu werden gesättigte Märkte mit ähnlichen Angeboten und starkem Wettbewerb „Rote Ozeane" genannt.

Die Formulierung einer erfolgreichen Strategie zur Eroberung eines Blauen Ozeans erfolgt durch einen analytischen und kreativen Prozess. Im Mittelpunkt steht dabei die „Strategische Kontur", die Klarheit über die zukünftige Ausrichtung des Angebots schaffen soll. Grundlegende Überlegungen betreffen dabei die Stoßrichtungen Fokus und Divergenz. Also: Auf welche Schwerpunkte will ich mich in meiner Arbeit konzentrieren? Und wodurch kann ich mich von anderen Anbietern unterscheiden?

In einem ersten Schritt werden dazu die wesentlichen Merkmale des bekannten Markts erfasst und bewertet.

Ich möchte Ihnen zur Verdeutlichung die Erstellung der Strategischen Kontur am Beispiel des österreichischen Fleischbetriebs Neuburger demonstrieren. Die Wurzeln des Familienunternehmens aus Ulrichsberg im Mühlviertel gehen bis ins Jahr 1919 zurück. Im Laufe der Zeit entwickelte sich eine erfolgreiche Firma für Fleisch- und Wurstwaren, deren wirtschaftlicher Erfolg aber auf die Region beschränkt blieb. Mit der Übernahme durch Hermann Neuburger im Jahr 1986 wurden die Weichen des Unternehmens völlig neu gestellt. „Was ich brauche ist Aufmerksamkeit, sonst sterbe ich in Schönheit", wird Neuburger zitiert (Löffler 2016). Er fasste einen radikalen Entschluss und beschloss, die Wurstwaren aufzugeben und sich nur noch auf ein einziges Produkt zu konzentrieren: Einen neuartigen Leberkäse namens Neuburger, der 1995 auf den Markt kam (Abb. 2.1).

Um die Hintergründe für die Kreation des Neuburgers zu verstehen, müssen wir uns zunächst mit dem Marktumfeld für Leberkäse Anfang der 1990-er Jahre auseinandersetzen. Die Produkte waren kaum unterscheidbar, Markenführung und Werbung gab es vonseiten der Hersteller so gut wie keine. Es entstand eine hohe Abhängigkeit von Handelsketten, die sich in einem großen Preisdruck auf die Erzeuger niederschlug. Das Resultat war ein zunehmender Qualitätsverlust in der Herstellung, Leberkäse bekam das Image eines Fleischabfallprodukts.

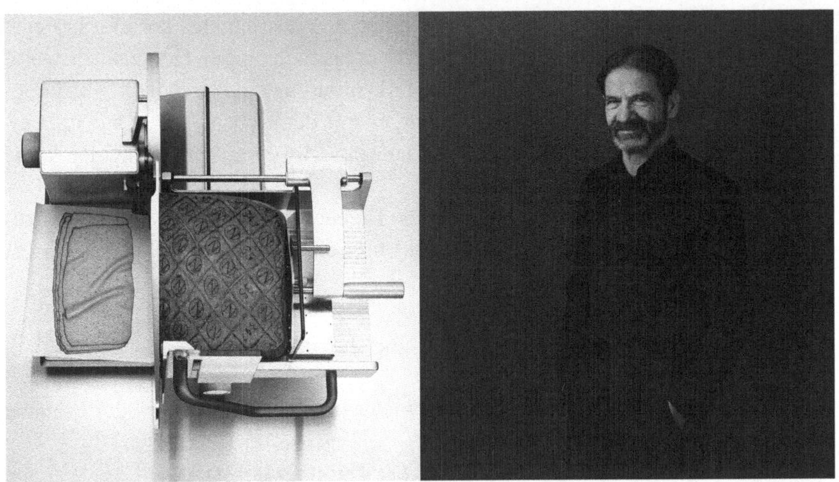

Abb. 2.1 Der Neuburger und sein Schöpfer Hermann Neuburger. (© Neuburger)

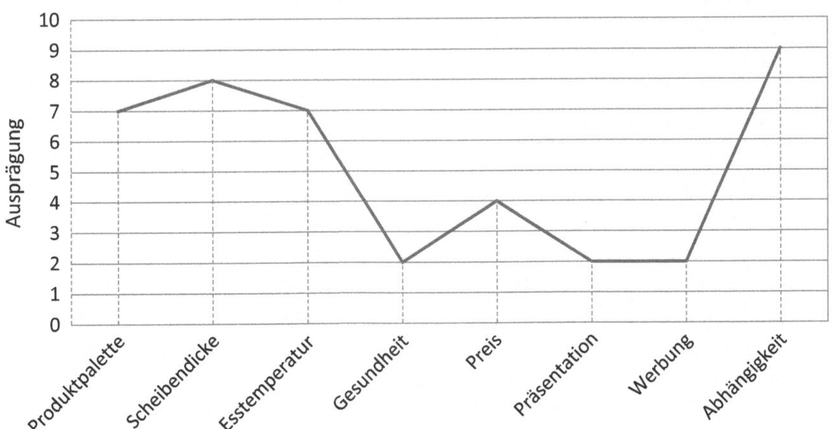

Abb. 2.2 Merkmale der traditionellen Hersteller von Leberkäse in Österreich Anfang der 1990-er Jahre

Für die Erstellung der Strategischen Kontur wird zunächst der österreichische Leberkäsemarkt zu Beginn der 1990er-Jahre in einem Diagramm wie in Abb. 2.2 erfasst. Auf der X-Achse werden die zentralen Marktfaktoren eingetragen, auf der Y-Achse ihre Ausprägung.

Als Hermann Neuburger sein Unternehmen neu ausrichtete, war die Strategie des Blauen Ozeans noch unbekannt. Trotzdem erscheint seine Herangehensweise wie eine Blaupause des Modells. Der Marktsituation mit der hohen Abhängigkeit von Handelsketten begegnete Neuburger mit der Konzentration auf ein einziges Produkt (Fokus), das sich zudem klar vom Mitbewerb unterscheiden sollte (Divergenz).

Im nächsten Schritt werden nun also die Eigenschaften des Neuburgers hinzugefügt. Kim und Mauborgne (2016, S. 28) nennen vier Aktionsfelder, die in die Überlegungen einfließen müssen:

- **Eliminierung:** Welche der Faktoren, die die Branche als selbstverständlich betrachtet, müssen eliminiert werden?
- **Reduktion:** Welche Faktoren müssen bis weit unter den Standard der Branche reduziert werden?
- **Steigerung:** Welche Faktoren müssen bis weit über den Standard der Branche gesteigert werden?
- **Kreation:** Welche Faktoren, die bisher noch nie von der Branche geboten wurden, müssen kreiert werden?

Hermann Neuburger reduzierte die Faktoren Produktpalette, Esstemperatur und Scheibendicke. Während andere Hersteller mehrere Arten von Leberkäse im Programm haben – wie z. B. Pfefferonileberkäse oder Käseläberkäse – gibt es vom Neuburger nur eine einzige Sorte. Der klassische Leberkäse wird warm gegessen, der Neuburger im Gegensatz dazu kalt. Und statt der üblichen zwei Zentimeter dicken Scheiben wird der Neuburger hauchdünn aufgeschnitten.

Gesteigert hat Hermann Neuburger die Faktoren Gesundheit und Preis. Das Produkt, das auf einem alten Familienrezept beruht, weist einen geringeren Fettgehalt als der durchschnittliche Mitbewerber auf. Außerdem werden für die Erzeugung ausschließlich Zutaten mit dem AMA-Gütesiegel verwendet. In der Fleischproduktion bedeutet das etwa, dass die Tiere ihr ganzes Leben in Österreich verbracht haben, der Großteil des Futters von Bauernhöfen stammt und Arzneimittel nur nach Vorschreibung durch einen Tierarzt verabreicht werden dürfen. Durch die höhere Qualität ist auch eine Preissteigerung gerechtfertigt.

Die Kreation betrifft vor allem die Markenführung: Hermann Neuburger investierte völlig unüblich für die Branche stark in Werbung, die zu einem hohen Bekanntheitsgrad des Produkts führte. Im Vergleich zur Konkurrenz mutet die Präsentation des Neuburgers nahezu luxuriös an.

Durch die einzelnen Maßnahmen gelang es Neuburger, die Abhängigkeit von den Handelsketten zu eliminieren. Angesichts der hohen Kundennachfrage

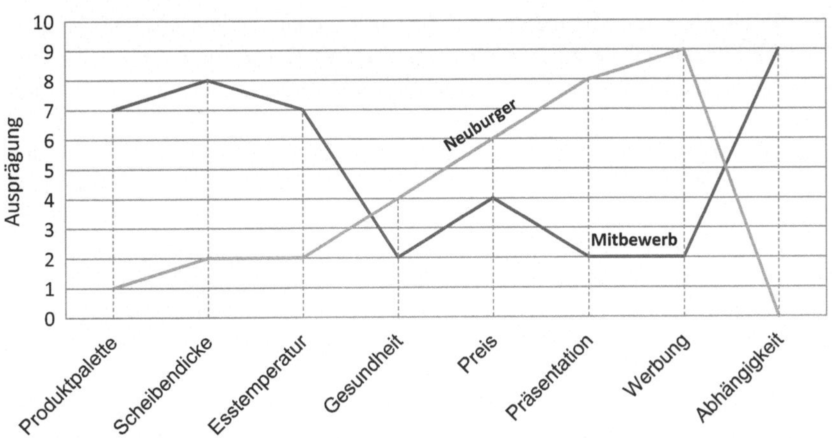

Abb. 2.3 Die Strategische Kontur von Neuburger

können es sich Supermärkte im mittleren und gehobenen Segment praktisch nicht mehr leisten, keinen Neuburger im Sortiment zu führen. Bestes Beispiel: Aufgrund unterschiedlicher Preisauffassungen listete der Handelsriese REWE im Jahr 2004 den Neuburger aus den Billa-Regalen aus. Zwei Jahre später wurde die Entscheidung reumütig zurückgenommen. (Löffler 2016).

Die Strategische Kontur von Neuburger in Abb. 2.3 offenbart die größten Unterschiede zu anderen Leberkäseherstellern.

Das Augenmerk sollte auf jene Bereiche der Strategischen Kontur gelegt werden, wo die Unterschiede zur Konkurrenz am deutlichsten ausfallen. Hier zeigen sich die entscheidenden Wettbewerbsvorteile. Diese Vorteile münden in die Formulierung des „Überzeugenden Slogans" (Kim und Mauborgne 2016, S. 38). Bei Neuburger ist dieser herausragend gut gelungen: „Sagen Sie niemals Leberkäse zu ihm" bringt die Markenbotschaft auf den Punkt und wird außergewöhnlich gut gemerkt. „Wir sind nicht austauschbar", meint Hermann Neuburger. Das sei im hoch konzentrierten österreichischen Lebensmittelhandel die einzige Möglichkeit zu überleben (Löffler 2016).

Die Strategie des Blauen Ozeans lässt sich auch hervorragend im Dienstleistungsbereich anwenden. Ich möchte Ihnen daher die Ansätze für die Nutzenkurve von afrika.info nicht vorenthalten. Werfen wir zunächst einen Blick auf den Mitbewerb. Meine Auftraggeber sind in vor allem Großunternehmen, die vertrauenswürdige Informationen über die aufstrebenden Märkte in Afrika benötigen. Meine Konkurrenz kommt überwiegend aus dem Feld namhafter Consulting-Firmen, die mit einem starken Image und etablierten Kontakten zu Entscheidungsträgern punkten können. In diesen Bereichen kann ich als Einzelunternehmer nicht mithalten. Ich habe daher aufgehört, aktiv auf potenzielle Kunden zuzugehen oder Werbung zu schalten (Eliminierung). Entscheidend ist für mich viel mehr, dass ich dann bei Google gefunden werde, wenn Informationen zu afrikanischen Märkten gesucht werden. Ich investiere daher viel Zeit in erstklassige und exklusive Wirtschaftsinhalte, die mir zu einer hohen Sichtbarkeit in Suchmaschinen verhelfen (Steigerung). Im Unterschied zu meinen Mitbewerbern, die sich zumeist als ganzheitliche Managementberater verstehen, konzentriere ich mich ausschließlich auf die Beschaffung von Informationen (Reduktion). Völlig neu ist meine Herangehensweise: Während andere Marktbegleiter keine oder nur wenige Repräsentanten in afrikanischen Ländern haben, verfüge ich über ein gewachsenes Netzwerk aus freien aber verlässlichen Korrespondenten in fast allen Staaten des Kontinents (Kreation).

Meine beiden entscheidenden Wettbewerbsvorteile habe ich in folgendem Slogan vereint: „Das beste Netzwerk für Ihren Informationsvorsprung."

Die Zielgruppe

3

Lassen Sie mich mit einem Vorurteil aufräumen: Profilierung hat in den meisten Fällen nichts mit Prominenz zu tun. Während Prominente weiten Teilen der Bevölkerung ein Begriff sind, zielt Profilierung ausschließlich auf eine hohe Bekanntheit bei der Zielgruppe ab.

Entscheidend für die Bestimmung Ihrer Zielgruppe ist zunächst die Form der Geschäftsbeziehung: Lebens- und Sozialberater werden eher Privatpersonen ansprechen (Business-to-Consumer, B2C), Online-Spezialisten überwiegend bei Unternehmen (Business-to-Business, B2B) vorstellig werden. Umweltexperten werden die öffentliche Verwaltung ins Visier nehmen (Business-to-Administration, B2A), Politikstrategen sich an Parteien wenden (Business-to-Politics, B2P). Diese Hauptgruppen lassen sich noch weiter unterteilen: Manche Spezialisten beschränken sich auf eine Region, andere auf eine Lebenssituation, wieder andere auf eine Branche.

Im B2C-Bereich gelten die Sinus-Milieus als fast schon klassisches Zielgruppenmodell. Ich möchte aber zeigen, dass diese Segmentierungsmethode auch bei anderen Geschäftsbeziehungen wertvolle Dienste leisten kann. Denn natürlich gehört auch jeder Entscheidungsträger einem Milieu an. Wenn Sie wissen, wie Ihr typischer Zielkunde tickt, haben Sie einen unschätzbaren Vorteil.

3.1 Die Sinus-Milieus

Klassische Zielgruppensegmentierungen orientieren sich zumeist an demografischen Größen wie Alter, Einkommen und Herkunft. Diese Methode greift aber schlicht zu kurz. Oder würden Sie zustimmen, dass Ozzy Osbourne von der Hardrock-Band „Black Sabbath" und der britische Thronfolger Prince Charles

© Springer Fachmedien Wiesbaden GmbH, ein Teil von Springer Nature 2018   15
M. Sturmer, *Profilierung*, essentials,
https://doi.org/10.1007/978-3-658-20761-8_3

zur selben Zielgruppe gehören, nur weil sie gleich alt sind, ein hohes Einkommen haben und aus demselben Land stammen? Natürlich nicht. Die beiden Personen sind jeweils Teil eines völlig unterschiedlichen Lebensumfelds, gehören also verschiedenen Milieus an.

Sinus-Milieus legen diese Unterschiede offen: Sie kategorisieren die Menschen eines Landes sowohl nach ihrer sozialen Situation als auch nach ihren grundlegenden Wertorientierungen, z. B. zu Arbeit, Familie, Konsum und Politik.

Abb. 3.1 zeigt die aktuelle Milieu-Landschaft für Deutschland. Die zehn „Gruppen Gleichgesinnter" zeichnen sich z. B. durch Gemeinsamkeiten bei Lebensstil, Wohnumfeldern, Markenpräferenzen, Freizeitverhalten und Mediennutzung aus. „Es ist kein Zufall, welche Kleidung jemand trägt, wie er seine Wohnung einrichtet und dekoriert, welchen Dialekt oder Slang er benutzt; die Alltagsästhetik und der Geschmack verraten eine Menge über die Motive und Möglichkeiten der dahinterstehenden Personen", meinen Karstens und Schütte (2010, S. 357).

Das Zielgruppenmodell ist das Resultat von vier Jahrzehnten sozialwissenschaftlicher Forschung (Flaig und Barth 2017, S. 4). Die deutschen Sinus-Milieus werden vom Sinus-Institut in Heidelberg erhoben, dort erhält man aber auch die Daten für die Schweiz und für über 40 weitere Länder. Die Sinus-Milieus für Österreich bekommen Sie beim Markt- und Meinungsforschungsinstitut Integral in Wien. Für Deutschland werden die einzelnen Milieus wie in Tab. 3.1 charakterisiert.

Wie können wir die Sinus-Milieus nun für uns nutzen? Dazu müssen wir zunächst klären, welches Milieu für unser Angebot in Frage kommt. Eine intensive Auseinandersetzung mit dem umfangreichen Datenmaterial ermöglicht klare Rückschlüsse. In meinem Fall stellt sich also die Kernfrage: Wer interessiert sich überhaupt für Afrika? Die Analyse ergibt ein klares Bild: In Deutschland sind das zunächst vier Milieus – Konservativ-Etablierte, Liberal-Intellektuelle, Sozialökologische und Performer.

Zur weiteren Eingrenzung benötigt es eine intensive Auseinandersetzung mit den einzelnen Milieus. Konservativ-Etablierte haben eine ausgeprägte Aversion gegen Risiko und scheiden daher für Afrika-Geschäfte eher aus. Sozialökologische stehen als Globalisierungsskeptiker wirtschaftlichen Aktivitäten in Entwicklungsländern häufig sehr kritisch gegenüber. Bleiben also noch Liberal-Intellektuelle und Performer. Ein Abgleich mit bestehenden Kontakten öffnete mir die Augen: Meine Kunden kommen fast ausschließlich aus dem Performer-Milieu. Sie sind im Schnitt etwa 40 Jahre alt, arbeiten häufig in internationalen Konzernen und wollen dort rasch die Karriereleiter erklimmen. Eine falsche Entscheidung ist für sie eine persönliche Niederlage. Performer vergeben einen

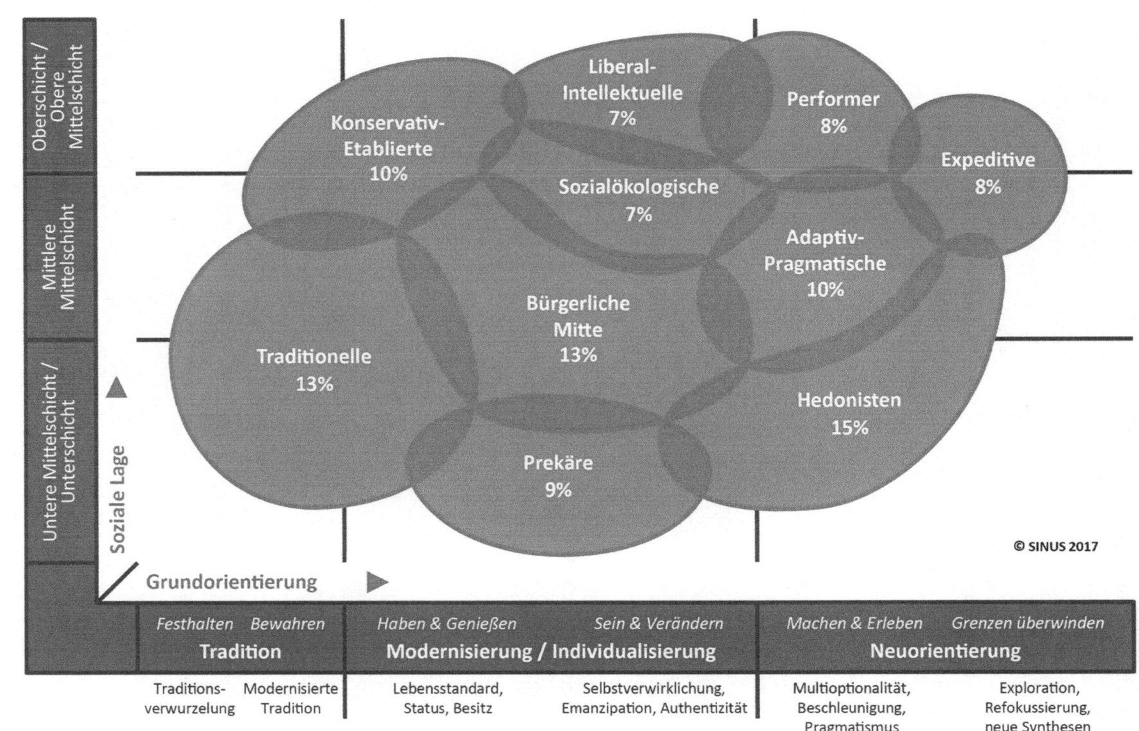

Abb. 3.1 Die Sinus-Milieus für Deutschland. (© Sinus-Institut)

Tab. 3.1 Kurzcharakteristik der Sinus-Milieus. (Sinus Markt- und Sozialforschung GmbH 2017, S. 16)

Oberschichte/Obere Mittelschicht	
Konservativ-Etablierte	Das klassische Establishment: Verantwortungs- und Erfolgsethik; Exklusivitäts- und Führungsansprüche, Standesbewusstsein; zunehmender Wunsch nach Ordnung und Balance
Liberal-Intellektuelle	Die aufgeklärte Bildungselite: kritische Weltsicht, liberale Grundhaltung und postmaterielle Wurzeln; Wunsch nach Selbstbestimmung und Selbstentfaltung
Performer	Die multioptionale, effizienzorientierte Leistungselite: globalökonomisches Denken; Selbstbild als Konsum- und Stil-Avantgarde; hohe Technik und IT-Affinität; Etablierungstendenz, Erosion des visionären Elans
Expeditive	Die ambitionierte kreative Avantgarde: Transnationale Trendsetter – mental, kulturell und geografisch mobil; online und offline vernetzt; nonkonformistisch, auf der Suche nach neuen Grenzen und neuen Lösungen
Mittlere Mittelschichte	
Bürgerliche Mitte	Der leistungs- und anpassungsbereite bürgerliche Mainstream: generelle Bejahung der gesellschaftlichen Ordnung; Wunsch nach beruflicher und sozialer Etablierung, nach gesicherten und harmonischen Verhältnissen; wachsende Überforderung und Abstiegsängste
Adaptiv-Pragmatische	Die moderne junge Mitte mit ausgeprägtem Lebenspragmatismus und Nützlichkeitsdenken: Leistungs- und anpassungsbereit, aber auch Wunsch nach Spaß und Unterhaltung; zielstrebig, flexibel, weltoffen – gleichzeitig starkes Bedürfnis nach Verankerung und Zugehörigkeit
Sozialökologische	Engagiert gesellschaftskritisches Milieu mit normativen Vorstellungen vom „richtigen" Leben: ausgeprägtes ökologisches und soziales Gewissen; Globalisierungsskeptiker, Bannerträger von Political Correctness und Diversity

(Fortsetzung)

Tab. 3.1 (Fortsetzung)

Untere Mittelschicht/Unterschicht	
Traditionelle	Die Sicherheit und Ordnung liebende ältere Generation: verhaftet in der kleinbürgerlichen Welt bzw. in der traditionellen Arbeiterkultur; Sparsamkeit und Anpassung an die Notwendigkeiten; zunehmende Resignation und Gefühl des Abgehängtseins
Prekäre	Die um Orientierung und Teilhabe („dazu gehören") bemühte Unterschicht: Wunsch, Anschluss zu halten an die Konsumstandards der breiten Mitte – aber Häufung sozialer Benachteiligungen, Ausgrenzungserfahrungen, Verbitterung und Ressentiments
Hedonisten	Die spaß- und erlebnisorientierte moderne Unterschicht/untere Mitte: Leben im Hier und Jetzt, unbekümmert und spontan; häufig angepasst im Beruf, aber Ausbrechen aus den Zwängen des Alltags in der Freizeit

Auftrag daher erst dann, wenn sie hundertprozentig davon überzeugt sind, dass ihr Geschäftspartner absolut termintreu ist und qualitative Höchstleistungen erbringt. Im Gegenzug sind sie aber durchwegs bereit, für tadellose Leistungen auch etwas tiefer in die Tasche zu greifen.

Wie kommt man nun an die Zielgruppe der Performer heran? Dazu habe ich ihre Vorlieben und ihre Mediennutzung betrachtet. Performer tragen ihren Erfolg gerne zur Schau, bevorzugen teure Marken und treiben viel Sport. Sie gehen auf Pop- und Rock-Konzerte, in Kaffeehäuser und ins Kino. Sie erweitern ihren Horizont durch Fernreisen und Fortbildungen. Performer lesen Qualitätszeitungen mit einem starken Wirtschaftsteil und recherchieren über neue Anbieter im Internet.

Mir hat das Verständnis für meine Zielgruppe entscheidend weitergeholfen, da ich meine Kommunikationsaktivitäten deutlich besser auf die Performer abstimmen kann. So konzentriere ich meine PR-Aktivitäten auf die Tages- und Wirtschaftspresse und vermittle meine Expertise über meinen Internet-Auftritt afrika.info.

Als Außenstehender ist es fast unmöglich zu erraten, wann sich eine Konzernzentrale mit Afrika befasst. Da eine solche Entscheidung zumeist strategischer Natur ist, wird sie hinter verschlossenen Türen gefällt. Es ist also von enormer Bedeutung, dass ich gefunden werde, wenn sich im Internet jemand auf die Suche nach einem Afrika-Berater macht. Eine adäquate Content-Strategie (siehe Abschn. 5.4), die stark auf exklusive Wirtschaftsinhalte setzt, hat mir dabei wertvolle Dienste erwiesen.

3.2   Personas

Ein sehr hilfreiches Instrument, um sich die Zielgruppe stets präsent zu halten und treffsicher mit ihr zu kommunizieren, ist die Erstellung von Persona-Profilen. Der Begriff „Persona" stammt aus dem Lateinischen und bezeichnete wortwörtlich die Maske eines Schauspielers. Im übertragenen Sinne wird der Begriff auch für „Rolle" oder „Charakter" verwendet.

Im Marketing stehen Personas für fiktive Vertreter der Zielgruppe. Die Methode wurde erstmals im Jahr 1998 von Alan Cooper, einem US-amerikanischen Experten für Interaktionsdesign, in seinem Buch „The Inmates are Running the Asylum" beschrieben. Cooper geht davon aus, dass Personas dabei helfen, die Anforderungen der Zielgruppe besser zu verstehen. Seine Empfehlung lautet: „Develop a precise description of our user and what he wishes to accomplish" (Cooper 2004, S. 123).

Für Cooper sind Personas „hypothetische Archetypen" der Zielgruppe, die sorgfältig und präzise in einem Profil beschrieben werden müssen. Die Konzentration auf einen einzelnen Anwender hilft, den Fokus für das Produkt oder die Dienstleistung zu bewahren. Cooper illustriert seinen Gedankengang am Beispiel eines Autos, das für eine sicherheitsliebende junge Mutter, den robusten Tischler Joe und die sportive Nachwuchsführungskraft Seth entwickelt werden soll. Das Ergebnis ist eine unmögliche Mischung aus Minivan, Pick-up Truck und Sportwagen, das am Markt keine Chance hätte. Die einzig korrekte Lösung in diesem Fall ist, drei unterschiedliche Produkte zu entwickeln (Cooper 2004, S. 124 f.).

Wie sieht ein Persona-Profil nun aus? Im Prinzip ähnelt es einer Mischung aus Stammbucheintrag und Steckbrief, in der die Ziele und die wichtigsten Eigenschaften der jeweiligen Persona erfasst werden. Obwohl Personas fiktive Charaktere sind, sollten die Angaben auf realitätsnahen Daten basieren. Eine probate Methode dazu ist, reale Personen in ihrem direkten Lebensumfeld zu beobachten und zu interviewen.

Welche Angaben sollte ein solches Persona-Profil nun konkret enthalten? Ich habe in Abb. 3.2 eine Vorlage erstellt, an der Sie sich gerne orientieren können. Natürlich können Sie Felder je nach Wichtigkeit für Ihr Angebot ergänzen oder streichen. In jedem Fall sollten Sie aber ein Foto verwenden, das Ihrer Vorstellung der Persona entspricht.

Ich persönlich habe die besten Erfahrungen mit einer Kombination von Sinus-Milieus und der Persona-Methode gemacht. Wie Sie bereits wissen, sind meine Hauptzielgruppe die Performer. Und da ich in meinem persönlichen Umfeld etliche Vertreter aus diesem Milieu kenne, fällt es mir nicht schwer, diese eingehend

PERSONA PROFIL	
Name:	
Geburtsdatum:	
Wohnort:	
Familienstand/Kinder:	
Beruf/Arbeitgeber/Ort:	
Ausbildung:	
Berufliches Aufgabenfeld:	
Berufliche/persönliche Ziele:	
Charakterisierung (z. B. freundlich, cholerisch etc.):	
Sinus-Milieu:	
Markenwelt:	
Mediennutzung:	
Freizeitverhalten:	
Politische Einstellung:	
Welches Angebot könnte interessieren?	
Erwartungen an das Angebot:	
Wie kann ich die Persona überraschen/begeistern?	
Welcher Content könnte interessieren?	
Welche Keywords würde die Persona für mein Angebot bei Google eingeben?	

Abb. 3.2 Beispiel für ein Persona-Profil

zu studieren. Um also zu erfahren, wie ein Performer tickt, verbrüdere ich mich ein wenig mit den entsprechenden Personen aus meinem Bekanntenkreis. Ich schaue genau hin, welche Musik sie hören, wie sie ihre Freizeit verbringen, welche Lokale sie am Abend besuchen. Ich befrage sie nach ihrer politischen Einstellung, nach ihrer Mediennutzung und ihren liebsten Websites. Außerdem versuche ich herauszufinden, welche Erwartungen sie an meine Leistungen haben könnten, wie sie mein Angebot einschätzen und was sie für nicht gut empfinden. Die Ergebnisse habe ich einem einzigen Persona-Profil vereint: Alexander Hartmann, 38, arbeitet als Innovation-Scout bei einem Großunternehmen in Hamburg. Seine Aufgabe: Die Entdeckung neuer Absatzmärkte für seinen Arbeitgeber. Sein persönliches Ziel: Vorstandsmitglied.

Die Inszenierung 4

Als Experte in Ihrem Fachgebiet stehen Sie nun vor der Herausforderung, Ihr Angebot für Ihre Zielgruppe in Wort und Bild auf den Punkt zu bringen. Spätestens jetzt stellt sich die Frage nach dem geeigneten Markennamen. Ob Sie dafür Ihren eigenen Namen, eine Anlehnung an Ihr Geschäftsfeld oder gar einen Fantasienamen verwenden, hängt stark von der jeweiligen Ausgangssituation, der Strategie und der Verfügbarkeit einer attraktiven Internet-Adresse (Domain) ab. Eine einfache Faustregel für den richtigen Namen gibt es nicht – letztendlich braucht es eine profunde Analyse des Mitbewerbs und etwas Gespür für den Markt.

Welche der drei Varianten Sie auch immer bevorzugen: In jedem Fall müssen Sie Ihre Marke emotional aufladen. Denn zumindest 95 % aller Kaufentscheidungen fallen in unserem Unterbewussten (Zaltman 2003, S. 50). Ob es das Smartphone der neuesten Generation, die Luxuskarosse oder das teure Schweizer Uhrenfabrikat ist: Wenn wir etwas unbedingt haben wollen, setzt der Verstand häufig aus. Wir bemühen unsere Ratio aber dann, wenn wir unsere Entscheidung vor uns selbst oder anderen gegenüber rechtfertigen müssen.

Wie können Sie nun Ihre Expertenmarke emotional inszenieren? Das geschieht in erster Linie durch die Geschichte, die Sie über sich erzählen. Und die Form, wie Ihre Marke in Erscheinung tritt.

4.1 Storytelling und die Heldenreise

„Stell' Dir vor, was mir heute passiert ist. Du wirst es nicht glauben. Am besten, Du setzt Dich hin." Wann immer wir etwas Wichtiges erzählen wollen, greifen wir intuitiv zu einem Stilmittel, das uns die Aufmerksamkeit des Gegenübers garantiert: die Geschichte.

© Springer Fachmedien Wiesbaden GmbH, ein Teil von Springer Nature 2018   23
M. Sturmer, *Profilierung*, essentials,
https://doi.org/10.1007/978-3-658-20761-8_4

Vor gut 15 Jahren ist das Storytelling von Unternehmen wiederentdeckt worden. Aus gutem Grund: Spannende Geschichten bleiben im Kopf und sind daher die besten Lehrer. Mit Geschichten werden Veränderungen in Firmen begleitet, das Personal motiviert, Schulungsmaßnahmen durchgeführt, PR und Marketing aufgepeppt. Doch was macht eigentlich eine gute Geschichte aus? Folgende Grundregeln sollten Sie beachten (Holzinger und Sturmer 2010, S. 105):

- **Botschaft:** Was wollen Sie mit Ihrer Geschichte bewirken? Zum Nachdenken über mögliche Lösungen anregen? Überzeugungsarbeit für Ihr Angebot leisten? Die Unterschiede zum Mitbewerb erklären?
- **Akteure:** Jede Geschichte lebt von den handelnden Personen. Sie sind das Um und Auf von guten Stories. Überlegen Sie, welche Rolle Sie spielen. Und welche anderen Charaktere auftreten. Das können Mentoren, Verbündete und Feinde sein.
- **Handlung:** Geschichten haben einen Anfang und ein Ende. Und einen Mittelteil, in dem sich die Story entwickeln kann. Was ist der rote Faden, der Ihre Zuhörer durch den ganzen Plot zieht?
- **Dramaturgie:** Suchen Sie dramaturgischen Momenten. Gibt es Wendepunkte, biografische Brüche oder Konflikte? Konflikte sind die Motoren von Geschichten. Was wäre Rotkäppchen ohne den bösen Wolf?
- **Ort:** Wo spielt Ihre Geschichte? Wie sieht es dort aus? Stinkt es? Ist es ohrenbetäubend laut? Gute Beschreibungen zielen auf alle Sinneswahrnehmungen ab.
- **Stil:** Sprache schafft Atmosphäre. Und jede Geschichte hat einen eigenen Wortschatz, der das ermöglicht. Lesen Sie ruhig einmal wieder einen Klassiker wie „Der Name der Rose": Umberto Eco verwendete darin lateinische Passagen, um das düstere Klosterleben im 14. Jahrhundert einzufangen.

Die wohl bekannteste Vorlage für gute Geschichten ist die „Heldenreise". Das Grundmuster hat der US-amerikanische Mythenforscher Joseph Campbell (1904–1987) anhand von Erzählungen aus der Antike erforscht. Später hat der Drehbuchautor Christopher Vogler in seinem Buch „The Writer's Journey" die 17 Stufen bei Campbell auf zwölf reduziert und damit eine höchst einflussreiche Vorlage für Hollywood-Filme geschaffen (Campbell 2011; Vogler 2007). Die archetypische Dramaturgie wurde in etlichen Blockbustern wie „Star Wars", „Das Schweigen der Lämmer" oder „Pretty Woman" eingesetzt.

Die Heldenreise liefert wertvolle Anhaltspunkte dafür, wie eine wirkungsvolle Story erzählt werden kann. Als Beispiel möchte ich Ihnen die Geschichte des Schokoladenherstellers Josef Zotter (Abb. 4.1) aus der Steiermark vorstellen.

Abb. 4.1 Josef Zotter gilt weltweit als innovativster Schokoladenproduzent. (© Zotter Schokoladen)

Zotter zählt zu den besten Chocolatiers der Welt, den Produktionsstandort in Bergl bei Riegersburg in der Steiermark besuchen jährlich an die 250.000 Menschen. Mit Stand November 2017 bietet er über 400 unterschiedliche Schokoladen an – vielleicht kennen Sie seine außergewöhnlichen Kreationen wie „Rosa Kokos und Fischgummi" oder „Messwein und Weihrauch".

Zotters Weg zum Erfolg war aber alles andere als eben. In Tab. 4.1 erläutere ich die Stadien seiner Heldenreise. Die Angaben stammen dabei weitgehend aus seiner Biografie „Kopfstand mit frischen Fischen" (Zotter 2015).

Das Beispiel zeigt, dass der Erfolg eigentlich langweilig ist. Spannend ist vor allem der mit Hürden gespickte Weg ans Ziel. Das ist der Stoff, über die Menschen sprechen und Medien berichten. Und ich behaupte: Jeder kann seine eigene Heldenreise erzählen. Versuchen Sie es! Sie werden erstaunt sein, wie universell einsetzbar der dramaturgische Aufbau ist.

Tab. 4.1 Die Heldenreise von Josef Zotter

Stadium der Heldenreise	Beispiel Josef Zotter
1. Die gewohnte Welt	Der gelernte Koch und Kellner Josef Zotter (geb. 1961) arbeitet als Koch und Küchenchef in verschiedenen Hotels der Luxusklasse
2. Der Ruf zum Abenteuer	Zotter will mit 26 Jahren aus der Spitzengastronomie weg, 1987 eröffnet er in der Glacisstraße in Graz sein erstes Kaffeehaus
3. Die Verweigerung des Rufs	Zotter weigert sich, Kundenwünsche wie Cremeschnitten, Schaumrollen und Sachertorten zu erfüllen. Das Geschäft läuft schlecht, das Kaffeehaus ist sanierungsbedürftig
4. Begegnung mit dem Mentor	Josef Zotter heiratet seine Freundin Ulrike. Sie wird in den Folgejahren zu seiner wichtigsten Beraterin
5. Überschreiten der ersten Schwelle	Durch die Hochzeit kommt Zotter zu etwas Geld, das er in die Renovierung des Lokals investiert. Er absolviert die Meisterprüfung zum Konditor und experimentiert mit außergewöhnlichen Zutaten. Zotter steigt zum Nobelkonditor auf und erweitert sein Geschäft um drei Filialen. 1992 erfindet er durch Zufall die handgeschöpfte Schokolade. Er hat aber zu wenig liquide Mittel, um die Produktion auszubauen
6. Bewährungsproben, Verbündete, Feinde	Zotter übernimmt sich finanziell. Der Direktor seiner Bank lässt ihn im Stich. Der befreundete Koch Willi Haider hilft ihm, ausständige Dienstnehmerbeiträge bei der Sozialversicherung zu bezahlen
7. Vordringen in die tiefste Höhle	Zotter muss 1996 Insolvenz anmelden. Die drei Filialen werden geschlossen. Die Talsohle ist erreicht: „Am tiefsten Punkt meiner bisherigen Laufbahn keimte der Samen des Neuen" (Zotter 2015, S. 45)

(Fortsetzung)

Tab. 4.1 (Fortsetzung)

Stadium der Heldenreise	Beispiel Josef Zotter
8. Entscheidungskampf	Nach der Sanierung läuft die Konditorei wieder. Die handgeschöpfte Schokolade gewinnt immer mehr Anhänger. Zotter stellt seine Frau Ulrike vor die Entscheidung: „Entweder die Schokolade oder die Konditorei" (Zotter 2015, S. 69)
9. Belohnung und Ergreifen des Schwerts	Zotter setzt alles auf eine Karte: Er gibt die Konditorei auf und will nur noch Schokolade produzieren
10. Rückweg	Um nicht erneut Schulden machen zu müssen, kehrt Zotter 1999 auf die Landwirtschaft seiner Eltern nach Bergl zurück. Im ehemaligen Kuhstall gründet er die Zotter Schokoladen Manufaktur
11. Erneuerung, Verwandlung	Zotter schafft rasch den Durchbruch: Innerhalb weniger Jahre entsteht in Bergl ein stattliches Schokoladenimperium, das zum wichtigen Arbeitgeber in der Region wird
12. Rückkehr mit dem Elixier	Zotter, der Andersdenker: Er setzt auf innovative Produkte, zertifizierte Bioqualität und Fairtrade. Als Chef und Unternehmer wird er zum Vorbild. Zotter wird an die „Harvard Business School" eingeladen. Als einziges österreichisches Unternehmen steht Zotter als Fallbeispiel auf dem Lehrplan der Eliteuniversität

4.2 Der Elevator Pitch

Nicht immer haben wir allerdings die Zeit, unsere Geschichte ausführlich zu erzählen. Auf die Frage „Was machen Sie eigentlich beruflich?" würden Sie Ihr Gegenüber vermutlich überfordern, wenn Sie Ihre eigene Heldenreise zum Besten geben.

Abhilfe schafft hier der „Elevator Pitch". Die Idee geht auf den US-amerikanischen Qualitätsguru Philip B. Crosby (1926–2001) zurück. In seinem Buch „The Art of Getting Your Own Sweet Way" aus dem Jahr 1981 riet Crosby zum Einstudieren einer „Elevator Speech", mit der man einen „Big Boss" während einer einminütigen Aufzugsfahrt von seinem Vorhaben überzeugen sollte (Crosby 1981, S. 48).

Ein solcher Elevator Pitch ist gar keine so einfache Aufgabe. Viele Menschen geraten bei der Frage nach ihrer beruflichen Tätigkeit ins Stottern. Vor allem im Beratungsgewerbe fällt es vielen schwer, dem Gegenüber das eigene Betätigungsfeld zu erklären.

Für die Gestaltung Ihrer eigenen Aufzugsrede empfehle ich Ihnen folgenden Aufbau

- Wecken Sie die Neugier mit einer spannenden Einleitung.
- Erklären Sie, welches Kundenproblem Sie lösen und wie Ihr Gesprächspartner davon profitieren kann.
- Unterstreichen Sie die Einzigartigkeit Ihres Angebots.
- Begründen Sie, warum Sie dafür genau die richtige Person sind. Beachten Sie dabei Ihren Archetypen.
- Bieten Sie ein ausführliches Gespräch zur Ihrem Thema an.
- Und zum Schluss: Dialog statt Monolog. Zeigen Sie Interesse am Gegenüber. Fragen Sie in jedem Fall nach, was Ihr Gesprächspartner beruflich macht.

Wichtig ist, dass die Wortwahl zu Ihnen passt. Sie sollten in jedem Fall authentisch bleiben und sich nicht in Satzkonstruktionen verlieren, die einstudiert wirken. Verwenden Sie kurze Sätze und vermeiden Sie unnötige Fremdwörter, Werbesprache oder Zungenbrecher. Halten Sie Blickkontakt zu Ihrem Gesprächspartner. Und vergessen Sie nicht, Interesse am Gegenüber zu zeigen. Nur so kann ein wertschätzender Dialog entstehen, der die Basis für eine mögliche Zusammenarbeit schafft.

Abschließend möchte ich Ihnen meinen Elevator Pitch für afrika.info nicht vorenthalten:

Wie Sie vielleicht wissen, ist Afrika der letzte große Hoffnungsmarkt der Welt. Drei der fünf wachstumsstärksten Länder der Welt befinden sich auf dem Kontinent. Wenn jemand in Afrika erfolgreich sein will, benötigt er Informationen, die ihm einen Vorsprung verschaffen und denen er blind vertrauen kann. Mit meinen Informationsleistungen unterstütze ich Unternehmen, in afrikanischen Märkten Fuß zu fassen. Konkret erstelle ich maßgeschneiderte Trendreports, Marktstudien und Potenzialanalysen für Firmen aller Größenordnungen – vom Start-up bis zum Weltkonzern. Das Rückgrat meiner Leistungen bietet ein erstklassiges Netzwerk aus 150 Korrespondenten und Wirtschaftsexperten aus fast allen Ländern des Kontinents. Als promovierter Afrikanist kann ich die Verlässlichkeit der Informationen besser einschätzen als andere. Wenn Sie wollen, können wir uns gerne näher über meine Arbeit unterhalten – vielleicht bei einer Tasse Biokaffee aus Äthiopien. Aber zunächst würde mich interessieren, was Sie beruflich machen.

4.3 Das Moodboard

Wenn wir unsere Geschichte glaubhaft erzählen wollen, muss auch das Aussehen unserer Marke passen. Das Logo, die Farbwelt, das Webdesign und die verwendeten Bilder sollten unsere Expertise unterstreichen. Und auch wenn es ganz schön ins Geld gehen kann: Ich empfehle Ihnen, diese Aufgabe in die Hände von erfahrenen Grafikdesignern zu legen. Ein unprofessioneller Auftritt zerstört die ganze Liebesmüh, die Sie sich bis jetzt gemacht haben.

Vor dem Start des Gestaltungsprozesses sollten Sie ein „Moodboard" anfertigen, das die Stimmung Ihrer Marke vermittelt und Ihren Designpartner bei der Umsetzung Ihrer Ideen unterstützt. Dabei geht es weniger um die detailgetreue Darstellung sondern um eine Richtlinie für die zukünftige Visualisierung der Markenbotschaft.

Früher wurde für die Erstellung eines Moodboards ein großer Kartonbogen herangezogen. Heute wird aus praktischen Gründen häufig eine Online-Lösung wie Canva eingesetzt.

Bei der Entwicklung von afrika.info war es mir wichtig, mit den medial vermittelten Klischees von Afrika aufzuräumen. Afrika wird dort wenig differenziert als K-Kontinent dargestellt – K wie Kriege, Krisen, Katastrophen, Korruption, Krankheiten, Kriminalität und Kapitalflucht. Stattdessen wollte ich die andere, weniger bekannte Seite zeigen: Afrika als Kontinent der Chancen, der großes Potenzial für Exporteure und Investoren aus Europa bietet.

Abb. 4.2 Ausschnitt aus dem Moodboard von afrika.info

Diese Vorgaben spiegeln sich in meinem Moodboard in Abb. 4.2 wider. Das vor mehr als zehn Jahren entwickelte Logo, die Farben und die Bildsprache bilden die Richtschnur für alle Kommunikationsmaßnahmen und vermitteln ein kongruentes Bild des Markenkerns.

Die Maßnahmenmatrix 5

Bravo! Wenn Sie alle bisherigen Empfehlungen berücksichtigt haben, sind Sie hervorragend unterwegs. Nun müssen wir uns nur noch um die Umsetzung kümmern. Gleich vorweg: Der Aufbau eines Expertenstatus ist nichts, was von heute auf morgen gelingt. Letztendlich müssen Sie an den Berührungspunkten mit Ihrer Zielgruppe immer und immer wieder überzeugen.

Die sinnvollste Form, diese Berührungspunkte (Touchpoints) übersichtlich abzubilden, ist die „Customer Journey". Diese illustriert alle Abschnitte einer typischen Kundenreise – vom Erstkontakt bis zur langfristigen Zusammenarbeit. Rufen wir uns in Abb. 5.1 das Profilierungsmodell noch einmal in Erinnerung. Positionierung, Zielgruppen und Inszenierung können wir bereits abhaken. Nun widmen wir uns der Maßnahmenmatrix.

Die Maßnahmenmatrix vereint die Customer Journey mit dem Marketing-Mix nach E. Jerome McCarthy (1928–2015) aus seinem Klassiker „Basic Marketing" von 1960 (McCarthy 1978, S. 40 f.). Die Customer Journey mit ihren fünf Etappen Aufmerksamkeit, Leadgenerierung, Verkauf, Kundenbindung und Up-/Cross-Selling ist horizontal abgebildet. In vertikaler Ausrichtung sehen Sie den Marketing-Mix mit den „4 P", also den strategischen Entscheidungspunkten Product, Price, Place und Promotion.

Die Verschränkung der beiden Ansätze ergibt die Maßnahmenmatrix mit insgesamt 20 Aktionsfeldern, die Sie allesamt definieren müssen. Dafür steht Ihnen eine stetig wachsende Anzahl von Möglichkeiten zur Verfügung. Behalten Sie bei der Auswahl immer Ihre Zielgruppe im Visier: Die Entscheidung, ob Sie für die Promotion der Kundenbindung ein gedrucktes Magazin oder etwa Snapchat verwenden, sollte sich ganz nach deren Mediennutzung richten.

In Abb. 5.1 finden Sie jeweils ein Beispiel für jedes Aktionsfeld. Die umfassende Darstellung aller Möglichkeiten würde den Rahmen dieses Buches sprengen. Ich möchte Ihnen daher nachfolgend nur ein paar grundlegende Taktiken

© Springer Fachmedien Wiesbaden GmbH, ein Teil von Springer Nature 2018   31
M. Sturmer, *Profilierung*, essentials,
https://doi.org/10.1007/978-3-658-20761-8_5

Abb. 5.1 Die Maßnahmenmatrix im Profilierungsmodell. (© Dr. Martin Sturmer, CC BY-ND 3.0)

vorstellen, die in der Maßnahmenmatrix eine übergreifende Rolle spielen und in verschiedenen Aktionsfeldern zur Anwendung gelangen können.

5.1   Ihre Expertise als Fachbuch

Wissen ist das Kernprodukt von Experten. Um Aufmerksamkeit für die eigene Expertise zu erzeugen, ist die Veröffentlichung eines Fachbuches das Mittel der Wahl. Sie können darin Ihren eigenen Beratungsansatz vorstellen und sich gegenüber Mitbewerbern einen deutlichen Vorteil verschaffen. Denn Buchpublikationen trennen die Spreu vom Weizen: Da Sie sich intensiv mit Ihrem Fachthema auseinandergesetzt haben, werden Ihnen Medien und Kunden den Status eines Experten zuerkennen. Außerdem hilft das Verfassen eines Buches dabei, die eigenen Gedanken zu sortieren. Das wiederum hat einen positiven Effekt auf einen strukturierten Beratungsprozess.

Für Ihr Buch sollten Sie ein eigenes, innovatives Modell entwickeln. Im Dienstleistungsbereich spricht man in diesem Zusammenhang von „Service-Innovation". Dabei muss das Rad in den wenigsten Fällen neu erfunden werden: 80 % aller Innovationen sind ausschließlich Rekombinationen aus existierenden Ideen, Konzepten und Technologien. Die Kunst besteht darin, bekannte Teile so zu zerlegen und wieder zusammenzusetzen, dass sie für die Zielgruppe eine Neuheit darstellen (Gassmann und Friesike 2012, S. 44 ff.). Auch mein Profilierungsmodell arbeitet nach diesem Prinzip: Es besteht aus einer individuellen Auswahl bewährter Instrumente und Strategien, die zu einem in dieser Form völlig neuen Ansatz rekombiniert wurden.

Entscheidend ist auch die Verlagsauswahl. Suchen Sie nach Verlagen, die in Ihrem Themengebiet über einen guten Ruf verfügen, und übermitteln Sie den zuständigen Lektoraten ein Exposé. Durch die professionelle Unterstützung gelingt einfach ein besseres Produkt als beim Selbstverlag. Auch aus Wahrnehmungsgründen sollten Sie die Zusammenarbeit mit renommierten Verlagshäusern suchen: Ein guter Name unterstreicht Ihren Anspruch an Qualität.

Eine Buchveröffentlichung macht natürlich jede Menge Arbeit. Es ist aber letztendlich ein Aufwand, der sich bezahlt macht. Mein Buch „Afrika! Plädoyer für eine differenzierte Berichterstattung" – das Cover sehen Sie in Abb. 5.2 – ist im Jahr 2013 erschienen.

Gerade in den ersten drei Monaten nach dem Erscheinungstermin war die Aufmerksamkeit enorm: Interviews in Qualitätssendern wie Ö1 oder „Deutschlandradio" waren die Folge. Dazu kam eine stattliche Anzahl von Buchbesprechungen in führenden Tageszeitungen, wie etwa der „Neuen Zürcher Zeitung" (NZZ). Außerdem wurde ich zu Kongressen und Symposien eingeladen, um mein Modell des „Perspektivenwechsels" vorzustellen: In dem Buch plädiere ich dafür, die direkte

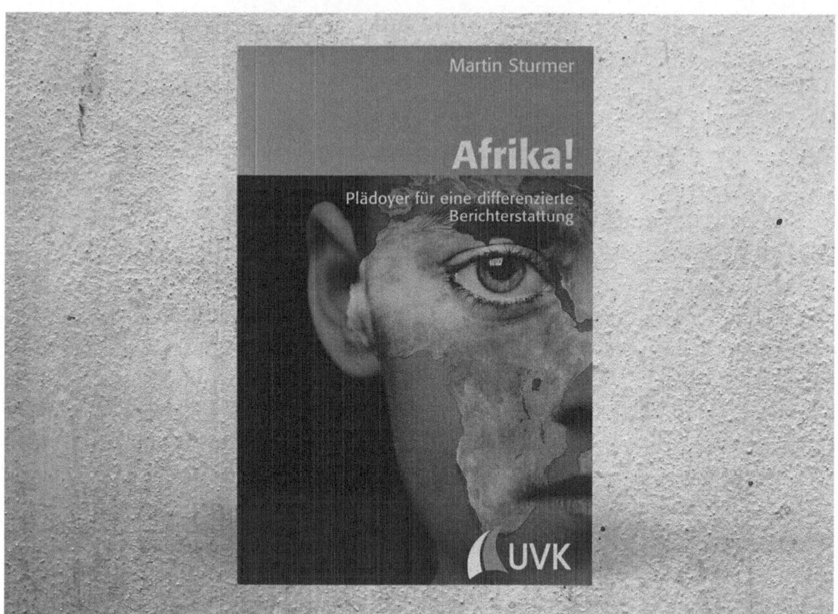

Abb. 5.2 Fachbuch „Afrika! Plädoyer für eine differenzierte Berichterstattung"

Kooperation mit afrikanischen Journalisten zu suchen, um ein differenziertes Afrika-Bild zu ermöglichen. Dieser Gedanke war keineswegs meine Erfindung. Neu war aber die Anleitung, wie sich die Zusammenarbeit in der Praxis bewerkstelligen lässt.

5.2   Aufmerksamkeit durch Pressearbeit

Trotz aller Unkenrufe ist die gute alte Medienarbeit lange noch nicht tot. Eine im Auftrag des WDR durchgeführte bundesweite Befragung kam zum Ergebnis, dass die klassischen Medien in punkto Glaubwürdigkeit nach wie vor die Nase vorn haben: 74 % der wahlberechtigten Bundesbürger halten das öffentlich-rechtliche Radio für glaubwürdig. Dahinter folgen das öffentlich-rechtliche Fernsehen (72 %), Tageszeitungen (65 %), privates Radio (35 %), Internet im Allgemeinen (30 %) und privates Fernsehen (25 %). Weit abgeschlagen: Die Boulevardpresse und soziale Netzwerke wie Facebook und Twitter mit je acht Prozent (Westdeutscher Rundfunk 2016, S. 8).

Wer als Experte bei seiner Zielgruppe für Aufmerksamkeit sorgen und Überzeugungsarbeit leisten will, kann auf Pressearbeit also nicht verzichten. Maßgeblich dabei ist, welche Medien von der Zielgruppe tatsächlich konsumiert werden.

In Abschn. 3.1 über die Sinus-Milieus habe ich erklärt, wie meine Zielgruppe der Performer tickt. Performer haben eine hohe Affinität zu Qualitäts- und Wirtschaftsmedien. Aus diesem Grund habe ich meine Öffentlichkeitsarbeit auf diese Medien ausgerichtet. Natürlich ist es nicht ganz einfach, hier PR-Artikel unterzubringen. Aber wer sein Thema mit Beharrlichkeit verfolgt, kann durchaus für Schlagzeilen sorgen.

In Abb. 5.3 sehen Sie einen Beitrag über meine Arbeit in der Wochenendausgabe der „Salzburger Nachrichten". Wie schafft man das? Hier meine wichtigsten Empfehlungen:

- **Schlüsselmedien identifizieren:** Nicht alle Medien sind für Sie gleichsam relevant. Eruieren Sie das Informationsverhalten Ihrer Zielgruppe. Und erstellen Sie dann eine Liste der für Sie wichtigsten Medien.
- **Analyse der Schlüsselmedien:** Nehmen Sie nun den Inhalt des jeweiligen Zielmediums genau unter die Lupe. Welche Themen werden darin veröffentlicht?

Abb. 5.3 Beitrag über afrika.info in der Tageszeitung „Salzburger Nachrichten"

Welcher Journalist könnte Ihren Schwerpunkt behandeln? Welche Textlängen und Formate (z. B. Fotos, Illustrationen) werden publiziert?

- **Maßgeschneiderte Aufbereitung:** Erstellen Sie nun einen Beitrag, der die Ansprüche des jeweiligen Schlüsselmediums erfüllt. Das ist zwar etwas aufwendig. Dafür steigen aber die Chancen auf einen großformatigen Artikel, da Sie die redaktionellen Vorgaben des Mediums berücksichtigen.
- **Richtige Kontaktaufnahme:** Wenn Sie überzeugt sind, einen passenden Artikel für Ihr Zielmedium erstellt zu haben, schreiben Sie dem zuständigen Redakteur eine freundliche E-Mail. Begründen Sie im Anschreiben, warum die Story für ihn interessant sein könnte. Fügen Sie Ihren Pressetext als Beilage an und stellen Sie hochauflösende Bilder per Link zum Download bereit. Entscheidend ist die Betreffzeile: Verzichten Sie auf Begriffe wie „Pressemitteilung" oder „Presseinformation", da sonst der Eindruck entsteht, dass Ihr Text auch an andere Empfänger geht. Verwenden Sie stattdessen lieber die Bezeichnung „Themenvorschlag".

Welche Storys sind für Journalisten interessant? In redaktionellen Auswahlprozessen spielen die sogenannten „Nachrichtenfaktoren" eine entscheidende Rolle. Nachrichtenfaktoren sind bestimmte Merkmale eines Ereignisses. Je ausgeprägter ein Faktor ist und je mehr Faktoren in Ihrem Pressetext enthalten sind, desto höher ist die Wahrscheinlichkeit, dass Ihr Beitrag auch veröffentlicht wird.

Die bis heute einflussreichste Studie zu den Nachrichtenfaktoren stammt von Johan Galtung und Mari Holmboe Ruge. Die beiden norwegischen Friedensforscher haben im Jahr 1965 zwölf Kriterien für die Nachrichtenauswahl definiert (Galtung und Ruge 1965, S. 65–68). Seit damals ist die Anzahl der beobachteten Nachrichtenfaktoren stark gestiegen. Neuere Untersuchungen gehen mittlerweile von mehr als 20 Faktoren aus (Ruhrmann und Göbbel 2007, S. 13).

Im August 2017 habe ich Johan Galtung in Grenzach-Whlyen im Rahmen einer Sommerakademie zum Thema Konfliktlösung persönlich kennengelernt. Dabei hatte ich mehrmals die Gelegenheit, mit ihm über die heutige Relevanz dieser journalistischen Selektionskriterien zu diskutieren. Die folgenden Nachrichtenfaktoren sind für die Pressearbeit von besonderer Bedeutung:

- **Nähe:** Je weiter weg, desto schlechter. Medien interessieren sich in erster Linie für Experten aus ihrem Verbreitungsgebiet. Deutsche Experten treten selten im österreichischen Fernsehen auf, der umgekehrte Fall ist sogar noch unwahrscheinlicher.
- **Außergewöhnlichkeit:** Je einzigartiger Ihre Expertise ist, desto eher werden sich Journalisten dafür begeistern. Hier lassen sich auch Staatsgrenzen überwinden:

Gibt es in Österreich keinen Experten für das Thema XYZ, ruft man in Deutschland oder in der Schweiz an. Hauptsache, er spricht dieselbe Sprache.

- **Popularität:** Je prominenter, desto unterhaltsamer. Die Meinung bekannter Personen interessiert – selbst dann, wenn sie nur wenig Substanzielles beizutragen haben. Aber auch prominente Neukunden können ein Vehikel sein: Wenn Sie Mark Zuckerberg als Klienten gewinnen, werden Sie ein gewaltiges Medienecho erzeugen.
- **Aktualität:** Je mehr Bezug Sie zu einem aktuellen Thema herstellen können, desto größer die Chance auf Berichterstattung. Auf Bali steht der Agung vor dem Ausbruch? Als Vulkanologe könnte jetzt ihre große Stunde schlagen.
- **Kontroverse:** Je konfliktreicher, desto spannender. Zeigen Sie Haltung. Wenn Sie als Spezialist für die mittelständische Industrie mit der Wirtschaftspolitik Ihrer Regierung nicht einverstanden sind, dann sagen Sie das bitte. Redaktionen schätzen wohlbegründete Meinungen, verachten aber Querulanten.
- **Fakten, Fakten, Fakten:** Je mehr Fachkompetenz Sie unter Beweis stellen können, desto bedeutungsvoller. Zahlen gehören zur Berichterstattung einfach dazu. Wie sieht Ihre Branche aus? Was leistet sie für die bundesweite Wirtschaft? Wohin bewegt sie sich in Zukunft?
- **Personalisierung:** Je persönlicher, desto reizvoller. Medien berichten lieber über Menschen als über Firmen. Wie sind Sie zu Ihrem Thema gekommen? Was treibt Sie an? Was wollen Sie erreichen?
- **Vertrauenswürdigkeit:** Je mehr Journalisten Ihnen vertrauen können, desto besser. Bleiben Sie immer bei der Wahrheit. Übertreibungen und Falschinformationen können Ihren Ruf nachhaltig beschädigen oder sogar ruinieren.

5.3 Newsjacking: Mediale Trittbrettfahrer

Für die einen ist eine Art moderner Forrest Gump, der immer dort auftaucht, wo Geschichte geschrieben wird. Für die anderen ist er einfach eine mediengeile Nervensäge. Die Rede ist vom Frührentner Greg Packer – „The Most Quoted Man in News", wie ein Kurzfilm (https://vimeo.com/78068001) von Andrew David Watson verrät. Auch wenn der Filmtitel überzeichnet: Der gelernte Straßenbauarbeiter Packer lässt seit 1995 nichts unversucht, um in die Medien zu kommen.

Packer ist überall, wo Kameras sind. Er hat vier Staatspräsidenten und zwei Päpste getroffen, war beim Begräbnis von Whitney Houston und stand 110 Stunden vor dem Apple-Shop in der „Fifth Avenue" in New York, um im Juni 2007 als erster das neue iPhone zu ergattern. Und die Reporter taten ihm den Gefallen: Packer brachte es in amerikanischen Leitmedien auf weit mehr als 100 Erwähnungen.

So viele, dass der Chefredaktion der US-Nachrichtenagentur „Associated Press" (AP) der Kragen platzte. Sie erteilte ihren Redakteuren die Anweisung, Packer in Zukunft nicht mehr zu interviewen: „ Mr. Packer is clearly eager to be quoted. Let's be eager too – to find other people to quote" (Romanesko 2012).

Was Greg Packer bereits zur Meisterschaft gebracht hat, ist in der Kommunikationsbranche unter dem Begriff „Newsjacking" zu einem heißen Trend geworden. Populär wurde der Ansatz durch den Marketing- und PR-Experten David Meerman Scott, der am Ende seines E-Books „Newsjacking" schreibt: „I have been a marketer for two decades now, and I have never seen a technique as powerful as newsjacking" (Scott 2012, S. 36).

Newsjacking ist eine Wortkreuzung aus „news" und „hijacking" und beschreibt schlicht die Kunst, große Nachrichtenereignisse für die eigene Aufmerksamkeit zu nutzen. Im Prinzip ein alter PR-Trick, wie das Beispiel Greg Packer zeigt. Nur: Durch die Echtzeitkommunikation via Facebook, Twitter, Instagram oder Snapchat sind völlig neue Möglichkeiten entstanden, das Instrument zu nutzen.

Eines meiner Lieblingsbeispiele hat sich während der Fußball-WM 2014 in Brasilien zugetragen. Fußballfreunde werden sich daran erinnern, dass in der Eröffnungspartie zwischen Brasilien und Kroatien der japanische Referee Yuichi Nishimura einen spielentscheidenden Elferpfiff tätigte, der die Heimmannschaft in die Erfolgsspur brachte. Von kroatischen Fußball-Fans hagelte es wilde Proteste, in sozialen Netzwerken wurde Nishimura beschimpft und verspottet.

Die Augenklinik „Klinika Svjetlost" in Zagreb wusste die Aufregung geschickt für sich zu nutzen. Via Twitter übermittelte die Klinik dem Referee einen Gutschein (Abb. 5.4) für eine kostenlose Augenoperation. „For the sake of football, our experts can help", lautete der Tweet, der an den japanischen Fußballverband gerichtet war. Weltweit schmunzelten Journalisten über den gelungenen Coup der Augenklinik.

Wer wie die Klinika Svjetlost erfolgreiches Newsjacking betreiben will, braucht Kreativität, Spontanität, das richtige Gespür für Themen und idealerweise ein Produkt, das zum Ereignis passt. Ein Newsjack für Social Media muss prompt nach dem Auftreten eines passenden Ereignisses abgesetzt werden.

In der klassischen Medienarbeit ist Newsjacking besser planbar. Abb. 5.5 zeigt den idealtypischen Ablauf: Der Termin für Großereignisse ist in der Regel lange bekannt. Journalisten bereiten sich auf die Berichterstattung intensiv vor und suchen nach Themen, die dazu passen könnten. Die „Injektion" eines Newsjacks sollte dann erfolgen, wenn Journalisten damit beginnen, zusätzliche Informationen über das Ereignis einzuholen (Abb. 5.5).

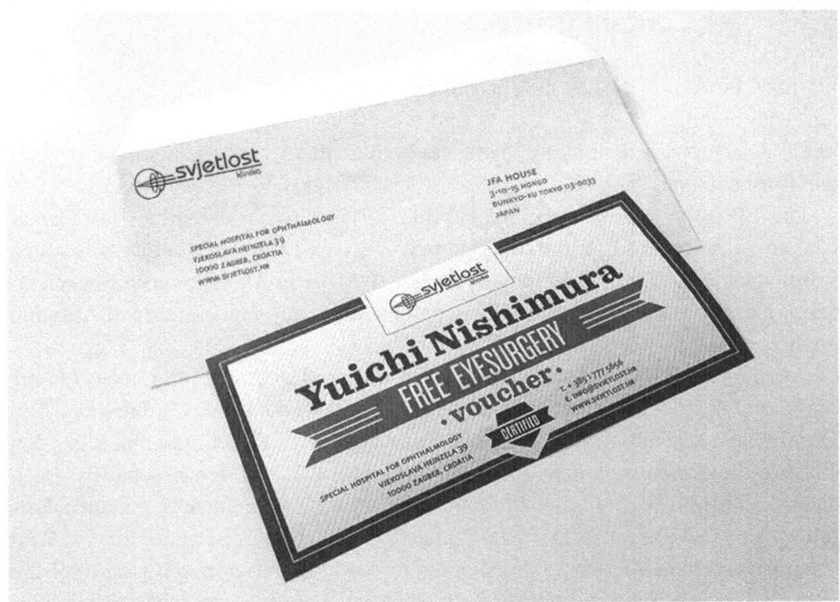

Abb. 5.4 Gutschein für eine Augen-OP der „Klinika Svetlost" an Schiedsrichter Yuichi Nishimura. (Quelle: https://twitter.com/SvjetlostHR/status/477434999969689600)

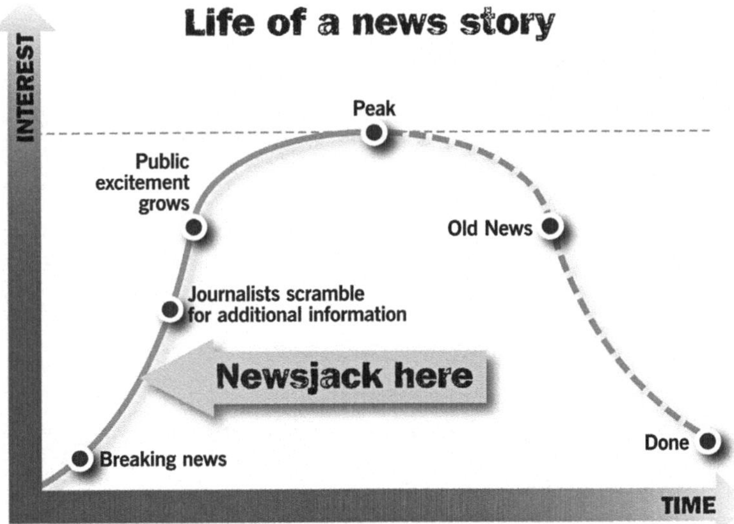

Abb. 5.5 Der ideale Zeitpunkt für einen Newsjack. (© David Meerman Scott, CC BY-ND 3.0)

5.4   Mit Content überzeugen

Ich habe eingangs erzählt, dass ich mehr als zehn Jahre für ein führendes Content-Unternehmen tätig war. Lange sind wir für unseren Zugang vom Mitbewerb milde belächelt worden: Mit Content sei kein Geld zu verdienen, so die verbreitete Einschätzung.

Die Situation änderte sich im Februar 2011. Google aktivierte das Panda-Update in seinem Algorithmus. Dadurch wurden hochwertige Inhalte in den Resultaten der Suchmaschine besser gereiht. Wie Sie in Abb. 5.6 unschwer erkennen können, hat das heute populäre Content Marketing einen enormen Aufwind erfahren.

Auch unseren Mitbewerbern wurde schlagartig klar, dass erfolgreiches Online Marketing nur noch mit hoher Content-Qualität bewerkstelligt werden kann. Die Entwicklung war absehbar: Denn die Kernaufgabe von Suchmaschinen ist, den Nutzern die besten Resultate auf ihre Anfragen zu liefern. Ich beschäftige mich daher kaum mit Suchmaschinenoptimierung (SEO), sondern habe mir den Ratschlag von Google anlässlich das Panda-Updates zu Herzen genommen: „Publishern empfehlen wir weiterhin, sich darauf zu konzentrieren, das bestmögliche Nutzererlebnis auf ihren Websites zu bieten, und sich weniger damit zu beschäftigen, was sie für die aktuellen Ranking-Algorithmen oder -Signale halten" (Singhal 2011).

Abb. 5.6 Popularität des Suchbegriffs „Content Marketing" bei „Google Trends"

In diesem Blogpost veröffentlichte Google auch 23 Fragen, die bis heute als Richtschnur für Inhalte mit hohem Nutzwert gelten können. Zu den wichtigsten Fragestellungen zählen für mich:

- Wurde der Artikel von einem Experten oder einem sachkundigen Laien verfasst, oder ist er eher oberflächlich?
- Entsprechen die Themen echten User-Interessen oder werden auf der Website Inhalte generiert, die auf ein gutes Ranking in Suchmaschinen abzielen?
- Wird die Website als kompetente Quelle zu Ihrem Thema anerkannt?
- Enthält dieser Artikel aufschlussreiche Analysen oder interessante Informationen, die nicht allgemein bekannt sind?
- Würde sich der Beitrag für ein Printmagazin, eine Enzyklopädie oder einem Buch eignen?

Heute beschäftigt sich jede ernst zu nehmende Online-Agentur mit Content-Strategie und Content Marketing. Was ist eigentlich der Unterschied zwischen den beiden Disziplinen? Im Prinzip wollen beide dasselbe: Die Zielgruppe mit nützlichen oder unterhaltsamen Inhalten von einem Produkt oder einer Dienstleistung überzeugen. Die Content-Strategie beschreibt die taktische Ausrichtung, Content Marketing die operative Umsetzung. Anders formuliert: Erfolgreiches Content Marketing setzt eine durchdachte Content-Strategie voraus.

Der Grundgedanke ist freilich alles andere als neu: Bereits der Augsburger Kaufmann Jakob Fugger I. (1459–1525) wusste um die Macht von guten Inhalten. Jakob Fugger – genannt „der Reiche" – galt ab 1495 bis zu seinem Tod als der bedeutendste Kaufmann, Bankier und Montanunternehmer in Europa. Er machte aus einem Familienbetrieb ein europaweit tätiges Unternehmen. Fugger fasste die Berichte seiner über die Länder verteilten Korrespondenten handschriftlich zusammen und leitete diese Informationen an Gönner und Geschäftsfreunde weiter.

Während das Content Marketing von Jacob Fugger in erster Linie auf die Kundenbindung abzielte, ist es heute möglich, mit Inhalten die gesamte Customer Journey abzudecken. Das Arsenal an Kommunikationsinstrumenten ist dabei enorm vielfältig: Von Website und Blog über Social Media und Messenger-Dienste bis hin zu Webinaren, Podcasts und Vlogs steht Ihnen ein ständig wachsendes Angebot zur Verfügung.

Das gesamte Spektrum der Möglichkeiten wird in „Owned Media", „Earned Media" und „Paid Media" unterteilt. Owned Media sind Mediengattungen wie Website und Blog, die Sie selbst besitzen und kontrollieren. Als Earned Media bezeichnet man Informationen über Ihr Unternehmen, die von anderen Nutzern in sozialen Netzwerken geteilt werden. Bei Paid Media kaufen Sie sich Reichweite anderer Medien zu – dazu zählen etwa Werbeeinschaltungen auf Google oder Facebook.

Wo Sie in Ihrer Content-Strategie den Schwerpunkt setzen und welche Kanäle Sie bedienen wollen, bleibt Ihnen überlassen. Nicht jede Persönlichkeit ist für jeden Kanal geeignet. Ich bin z. B. alles andere als eine Rampensau, Videos sind so gar nicht mein Fall. Auch fühle ich mich auf Twitter wesentlich wohler als auf Facebook. Wichtig ist daher, dass Sie Ihre Aktivitäten dort konzentrieren, wo Sie Ihre Stärken am besten ausspielen können. Nachfolgend möchte ich Ihnen noch drei Tipps mit auf den Weg geben, die in meiner Content-Strategie eine zentrale Rolle spielen.

Priorität für Owned Media
Trotz der wachsenden Bedeutung von Social Media sollten Website und Blog die Fixsterne in Ihrem Content-Universum bleiben. Nur hier haben sie die vollständige Kontrolle über Ihre Inhalte. Nur hier können Sie Ihre Eigenpräsentation ganz nach Ihren Vorstellungen umsetzen. Und nur hier bleiben Sie weitgehend unabhängig von den sich ständig ändernden Rahmenbedingungen in sozialen Netzwerken.

Beachten Sie bei der Gestaltung Ihrer Informationsarchitektur die drei Userbedürfnisse Nutzen, Nutzbarkeit und Nutzungsfreude: Mit Nutzen ist die Nützlichkeit der Informationen für die Zielgruppe gemeint. Dazu zählen Faktoren wie Aktualität, Korrektheit, Relevanz und Vollständigkeit der Inhalte. Nutzbarkeit bezieht sich auf eine klare und konsistente Darstellung, die auf allen Endgeräten funktioniert. Dafür sind etwa eine klare Navigationsstruktur und die optimale Lesbarkeit von Texten entscheidend. Nutzungsfreude schließlich bedeutet, dass Ihre Website auch gefallen darf (Arndt 2007, S. 85).

Content Curation
Als Einzelkämpfer ist es fast unmöglich, täglich erstklassige Beiträge zu produzieren und sich damit im Gespräch zu halten. Als hilfreich erweist sich hier „Content Curation", also die sorgfältige Auswahl und Verbreitung von Fremdinhalten. Mit Content Curation erweisen Sie sich selbst und Ihrer Community einen großen Dienst. Sie stellen Ihre Fachkompetenz unter Beweis und halten Ihre Follower auf dem Laufenden.

Die Plattform Scoop.it ist eine genial einfache Lösung für Content Curation und das Themenmanagement: Die integrierte „Suggestion Engine" durchforstet das Internet nach Ihren Suchbegriffen und liefert laufend aktuelle Treffer. Damit lassen sich aktuelle Entwicklungen rund um Ihr Thema gut beobachten. Mit einem Klick können Sie diese Vorschläge annehmen und in Ihre Website integrieren. Außerdem sorgt die Verknüpfung mit sozialen Netzwerken wie Facebook, Twitter, Linkedin oder Pinterest für bequeme Verbreitungsmöglichkeiten.

Redaktionsplan

Wer auf Content setzt, braucht Ausdauer und Energie. Der Redaktionsplan ist das Herzstück Ihrer Content-Strategie und hilft Ihnen, den Überblick zu bewahren. Hier legen Sie Themen, Frequenz, Kanäle, Format und Zuständigkeiten fest. Bei mehreren Teammitgliedern empfiehlt sich der Einsatz eines Redaktionstools wie Scompler. Arbeiten Sie alleine, genügt auch ein entsprechendes Dokument in Ihrem bevorzugten Textverarbeitungsprogramm.

Entscheidend ist, dass Sie nicht aufgeben. Content wirkt – aber nur wenn Sie der Aufgabe Priorität einräumen und Ihr Thema mit einer gehörigen Portion Leidenschaft verfolgen.

5.5 Preisgestaltung und Kundenbindung

Dienstleistungen sind ein immaterielles Gut, im Unterschied zu Produkten ist ein gerechtfertigter Preis für Kunden nicht einfach nachvollziehbar. Echte Profis werden sich aber nie unter ihrem Wert geschlagen geben und für Ihre Leistungen gehobene Stundensätze verlangen. Ich kenne einen etablierten Berater, der die Strategie verfolgt, in seiner Branche einfach den höchsten Tarif zu verrechnen. Die Höchstpreisstrategie soll seiner zahlungskräftigen Klientel den Eindruck vermitteln, den besten – weil teuersten – Berater an ihrer Seite zu haben. Im Gegensatz dazu kommen Tiefstpreise und Erfolgshonorare für Experten nicht infrage, da sie die Glaubwürdigkeit unterminieren.

Meine eigene Preisgestaltung ist fair, aber unspektakulär. Ich zähle weder zu den teuersten noch zu den günstigsten Anbietern. Mir ist es aber wichtig, klarzustellen, dass es mir nicht alleine um Profite geht. Ich betreue daher pro Jahr zwei Herzensprojekte pro bono. Die ausgewählten Klienten erhalten die volle Leistung, zahlen dafür aber keinen Cent. Honoriert werde ich durch die Aufmerksamkeit und Sympathie, die ein solches Engagement erzielt. Und natürlich werde ich nicht selten weiterempfohlen.

Gibt es Preise, die eher auf Akzeptanz stoßen als andere? Offenbar ja. Als wichtigste Orientierungsgröße gilt zunächst das Dezimalraster. 10 EUR, 100 EUR, 1000 EUR oder mehr – die meisten Menschen können Zehnerstellen am besten erfassen. Tagessätze wie 1000 EUR oder 2000 EUR funktionieren aber in der Praxis schlecht. Warum? „Der Preis muss nachgedacht aussehen", erklärt der Galerist und Pricing-Profi Gerd Harry Lybke. Glatte Beträge seien immer verdächtig. Wichtig ist für Lybke daher die Zahl, die dahinter steht. „Man agiert im unteren Preissegment mit der Zahl an der zweiten Stelle, um die davor zu verschleiern. 1200 klingt wie 200. 1800 klingt wie ein ordentlicher 800er-Preis. Von daher klingt 2200 eigentlich nach weniger als 1800" (Friebe und Albers 2011, S. 31).

Als seriöse Geschäftszahl gilt die Zwölf und ihre Halbzahl, die Sechs. Sie weichen hinreichend vom Dezimalraster ab, um nicht willkürlich zu wirken. Außerdem sind uns die Zahlen aus anderen Zusammenhängen vertraut: Das Jahr hat zwölf Monate, der Tage zweimal zwölf Stunden, Eier werden heute noch im Dutzend oder halben Dutzend verkauft (Friebe und Albers 2011, S. 32).

Berücksichtigen Sie diese Empfehlung in Ihrer Preisgestaltung und verrechnen Sie Tagessätze wie 1200 EUR oder 2400 EUR. Beachten Sie dabei aber, dass die zweite Zahl unter der Fünf bleibt.

Außerdem sollten Sie auf ein verständliches Preismodell achten. Es wird in der Regel leichter akzeptiert, da Ihre Kunden wissen, womit sie zu rechnen haben. Noch wichtiger ist allerdings die Einfachheit Ihres Angebots. Kürzlich hat mich mein Internet-Provider an den Rand der Verzweiflung getrieben. Beim geplanten Tarifwechsel wurden mir folgende Optionen gestellt: Wollen Sie das Paket „Extreme 40" mit einer Downloadgeschwindigkeit von 40.960 kbit/s und einer Upload-Geschwindigkeit von 5.120 kbit/s? Oder „Extreme 70" mit 71.680 kbit/s und 10.240 kbit/s? Oder vielleicht „Extreme 100" mit 102.400 kbit/s und 15.360 kbit/s? Oder gar „Extreme 200" mit 204.800 kbit/s und 20.480 kbit/s? Wer in aller Welt sich da noch auskennen? Ich jedenfalls nicht.

Eine große und unverständliche Auswahl führt unweigerlich zu Frustration (Brügger et al. 2017, S. 21). Lassen Sie Ihren Kunden daher keine Wahl. Entwickeln Sie eine einfache und nachvollziehbare Dienstleistung und geben sie dieser einen ansprechenden und aussagekräftigen Namen. Der Walkman von Sony ist etwa zu einem Synonym für eine ganze Gerätegattung geworden. Das wäre mit Sicherheit nicht passiert, wenn ihm Sony den Namen „MX1000" verpasst hätte (Gassmann und Friesike 2012, S. 145).

Wenn Sie sich einen Kunden geangelt haben, beginnt eine neue Herausforderung. Es ist fünfmal teurer einen Neukunden zu akquirieren als einen Bestandskunden zu halten, meint Peter Maas, Experte für Kundenorientierung an der Universität St. Gallen (Tödtmann 2008). Gerade im Konsumentenmarkt werden immer aufwendigere Strategien für Loyalitätsprogramme entwickelt, um Kunden bei der Stange zu halten. Boni und Rückerstattungen sind ebenso zum Standard geworden wie nette Verpackungen und kleine Aufmerksamkeiten. Nichtsdestotrotz werden Verbraucher immer anspruchsvoller: Laut dem Beratungsunternehmen „Accenture" haben in Deutschland 51 % der Befragten binnen eines Jahres den Anbieter gewechselt. Allergisch reagieren Konsumenten vor allem auf nicht gehaltene Versprechen, auf Mitarbeiter ohne Fachkenntnisse und die Nichtbeachtung persönlicher Bedürfnisse (Accenture 2012).

Für Experten sind Loyalitätsprogramme und Kundengeschenke eher nachrangig. Wollen Sie einen Kunden halten, müssen Sie sich im Endeffekt unentbehrlich machen. Wenn Sie zu erfolgreichen Innovationen oder zur Kostenersparnis beitragen, wird Ihre Leistung kaum infrage gestellt werden. Eine klare Zielvereinbarung sorgt dafür, dass Missverständnisse vermieden werden.

Natürlich schadet es aber auch nicht, wenn Sie Ihrem Kunden zeigen, dass er Ihnen wichtig ist. Es geht nicht um den Wert, sondern um die Wertschätzung. Überraschen Sie mit netten Aufmerksamkeiten, die nicht viel kosten, von Herzen kommen und einen Zusammenhang mit Ihrer Marke aufweisen. Ich mache mich für meine Kunden und Wegbegleiter gerne auf die Suche nach Kleinigkeiten aus Afrika. Letzte Weihnachten gab es farbenfrohe Kugelschreiber der Marke „Monts Nimba" aus Côte d'Ivoire (Abb. 5.7).

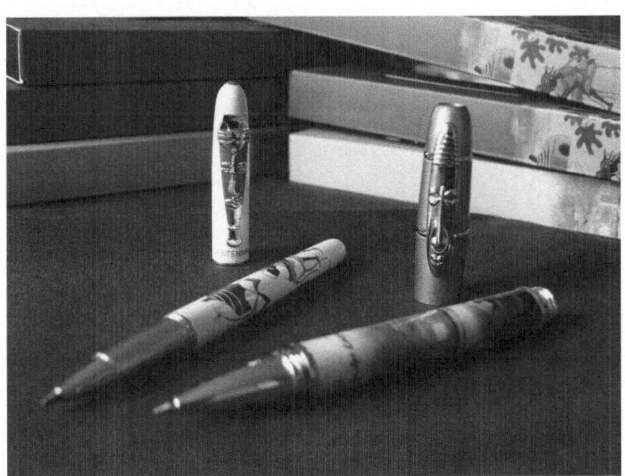

Abb. 5.7   Kugelschreiber von „Monts Nimba" aus Côte d'Ivoire

Was Sie aus diesem *essential* mitnehmen können

- Erfolgreich als Experte: Das Profilierungsmodell bringt Ihr Fachwissen zur Geltung.
- Haben Sie Mut zur Einzigartigkeit: Kundennutzen, Markenpersönlichkeit und Differenzierung schaffen eine unverwechselbare Positionierung.
- Wissen, wie Ihre Kunden ticken: Sinus-Milieus und Personas unterstützen Sie dabei, Ihre Zielgruppe zu verstehen.
- Setzen Sie sich gekonnt in Szene: Mit der Heldenreise und dem Elevator Pitch bringen Sie Ihre Geschichte auf den Punkt. Das Moodboard führt Sie zu einer stimmigen Markenvisualisierung.
- Definieren Sie die 20 Aktionsfelder der Maßnahmenmatrix: Die Kombination aus Customer Journey und Marketing-Mix verhilft Ihnen zu besseren Geschäften.

© Springer Fachmedien Wiesbaden GmbH, ein Teil von Springer Nature 2018   47
M. Sturmer, *Profilierung*, essentials,
https://doi.org/10.1007/978-3-658-20761-8

Literatur

Accenture (2012) Guter Rat statt Bonuspunkte: Kunden ist Service wichtiger als Rabatte. Presseportal, 27. Februar 2012. http://www.presseportal.de/pm/39565/2205580. Zugegriffen: 7. Nov. 2017

Arndt H (2006) Integrierte Informationsarchitektur. Die erfolgreiche Konzeption professioneller Websites. Springer, Berlin

Brügger C, Hartschen M, Scherer J (2017) Simplicity. Starke Strategien für einfache Produkte, Dienstleistungen und Prozesse. Gabal, Offenbach

Bundesverband der Deutschen Unternehmensberater e. V. (2016) Facts & Figures zum Beratermarkt 2015/2016. https://www.bdu.de/media/278814/bdu_facts_figures_2016.pdf. Zugegriffen: 10. Nov. 2017

Campbell J (2011) Der Heros in tausend Gestalten, 3. Aufl. Insel, Berlin

Cooper A (2004) The inmates are running the asylum. Why high-tech products drive us crazy and how to restore the sanity. Sams, Indianapolis

Crosby PB (1981) The art of getting your own sweet way, 2. Aufl. McGraw-Hill, New York

Fasnacht R, Pfäffli P, Willener H (1995) Strategische Marketingberatung am Beispiel der Positionierung. In: Wohlgemuth A, Teichler, C (Hrsg) Unternehmensberatung und Management. Die Partnerschaft zum Erfolg. Versus, Zürich, S 131–150

Flaig BB, Barth B (2017) Hoher Nutzwert und vielfältige Anwendung: Entstehung und Entfaltung des Informationssystems Sinus-Milieus®. In: Barth B, Flaig BB, Schäuble N, Tautscher M (Hrsg) Praxis der Sinus-Milieus®. Gegenwart und Zukunft eines modernen Gesellschafts- und Zielgruppenmodells. Springer VS, Wiesbaden, S 3–21

Friebe H, Albers P (2011) Sechs Sells: Die Psychologie der Zahlen. ManagerSeminare 163:28–32

Gälweiler A (2005) Strategische Unternehmensführung, 3. Aufl. Campus, Frankfurt a. M.

Gabler Wirtschaftslexikon (2017) Stichwort: Expertenwissen. http://wirtschaftslexikon.gabler.de/Archiv/55229/expertenwissen-v10.html. Zugegriffen: 7 Nov. 2017

Galtung J, Ruge MH (1965) The structure of foreign news. The presentation of the Congo, Cuba and Cyprus crisis in four Norwegian newspapers. J Peace Res 2:64–91

Gassmann O, Friesike S (2012) 33 Erfolgsprinzipien der Innovation. Hanser, München

Holzinger T, Sturmer M (2010) Die Online-Redaktion. Praxisbuch für den Internetjournalismus. Springer, Heidelberg

Jung CG (2017) Die Archetypen und das kollektive Unbewußte, 6. Aufl. Patmos, Ostfildern

© Springer Fachmedien Wiesbaden GmbH, ein Teil von Springer Nature 2018

M. Sturmer, *Profilierung,* essentials,

https://doi.org/10.1007/978-3-658-20761-8

Karstens E, Schütte J (2010) Praxishandbuch Fernsehen. Wie TV-Sender arbeiten, 2. Aufl. VS Verlag, Wiesbaden

Kim WC, Mauborgne R (2016) Der Blaue Ozean als Strategie. Wie man neue Märkte schafft, wo es keine Konkurrenz gibt, 2. Aufl. Hanser, München

Koch M, Beck S (2017) eBranding im B2B-Bereich. In: Theobald E (Hrsg) Brand Evolution. Moderne Markenführung im digitalen Zeitalter, 2. Aufl. Springer Gabler, Wiesbaden, S 237–250

Levitt T (2013) Marketing Myopia. In: Harvard Business Review (Hrsg) HBR's 10 Must Reads on Strategic Marketing. Harvard Business School Publishing, Boston, S 2956

Löffler A (2016) Wie sich Neuburger leise neu erfand. Die Presse, 27. Dezember 2016. http://diepresse.com/home/wirtschaft/unternehmen/5139048/Wie-sich-Neuburger-leise-neu-erfand. Zugegriffen: 7. Nov. 2017

Mark M, Pearson CS (2001) The hero and the outlaw. Building extraordinary brands through the power of archetypes. McGraw-Hill, New York

McCarthy EJ (1978) Basic Marketing, 6. Aufl. Irwin, Illinois

Purkiss J, Royston-Lee D (2012) Brand you. Turn your unique talents into a winning formula. Pearson, Harlow

Romanesko J (2012) Greg Packer strickes again. http://jimromenesko.com/2012/02/20/greg-packer-strikes-again/. Zugegriffen: 9. Nov. 2017

Rudolph T (1997) Profilieren mit Methode. Von der Positionierung zum Markterfolg. Campus, Frankfurt a. M.

Ruhrmann G, Göbbel R (2007) Veränderungen der Nachrichtenfaktoren und Auswirkungen auf die journalistische Praxis in Deutschland. Abschlussbericht für netzwerk recherche e. V. http://www.talk-republik.de/files/docs/ruhrmann_Endfassung_20.04.2007.pdf. Zugegriffen: 9. Nov. 2017

Scott DM (2012) Newsjacking. How to inject your ideas into a breaking news story and generate tons of media coverage. Wiley, Hoboken

Singhal A (2011) Weitere Tipps zur Erstellung qualitativ hochwertiger Websites. https://webmaster-de.googleblog.com/2011/05/weitere-tipps-zur-erstellung-qualitativ.html. Zugegriffen: 9. Nov. 2017

Sinus Markt- und Sozialforschung GmbH (2017) Informationen zu den Sinus-Milieus 2017. https://www.sinus-institut.de/fileadmin/user_data/sinus-institut/Dokumente/downloadcenter/Sinus_Milieus/2017-01-01_Informationen_zu_den_Sinus-Milieus.pdf. Zugegriffen: 11. Okt. 2017

Tödtmann C (2008) Kundenorientierung findet an vielen Stellen statt. Handelsblatt, 28. Mai 2008. http://www.handelsblatt.com/unternehmen/handel-konsumgueter/kundenbindung-kundenorientierung-findet-an-vielen-stellen-statt/2963390.html. Zugegriffen: 7. Nov. 2017

Vogler C (2007) The writer's journey. Mystic structures for writers, 3. Aufl. Michael Wiese, Studio City (Los Angeles)

Westdeutscher Rundfunk (2016) Glaubwürdigkeit der Medien. https://www1.wdr.de/unternehmen/der-wdr/unternehmen/studie-glaubwuerdigkeit-download-100.pdf. Zugegriffen: 7. Nov. 2017

Zaltman G (2003) How customers think. Essential insights into the mind of the market. Harvard Business School, Boston

Zotter J (2015) Kopfstand mit frischen Fischen. Mein Leben – meine Überzeugungen. Zotter Schokoladen Manufaktur GmbH, Riegersburg